PAUL FLAT

LES

PREMIERS VÉNITIENS

LES

PREMIERS VÉNITIENS

PAUL FLAT

LES
PREMIERS VÉNITIENS

PRÉFACE

DE

M. MAURICE BARRÈS

ILLUSTRATIONS PAR **MM. ALINARI**

PARIS
LIBRAIRIE RENOUARD. HENRI LAURENS, ÉDITEUR
6, RUE DE TOURNON, 6

1899

PRÉFACE

Ce n'est pas un ouvrage d'érudition que Paul Flat veut offrir au public. Amoureux de Venise, il célèbre une des beautés de cette ville voluptueuse, et s'il a médité tout ce que la critique rassemble de documents autour des Vénitiens, il le trahit seulement par l'abondance et par la force des sensations qu'il nous communique. D'ailleurs s'il s'agissait d'une critique savante des dates et des attributions, je devrais décliner l'honneur de la présenter. Je ne sais rien des Bellini et de Carpaccio que leur beauté. Du moins l'ai-je avidement saisie! Une lithographie romantique de Lemud représente une belle fille bohémienne qui tient le petit Callot par la main. A grands pas ils marchent vers l'Italie. Elle n'intéresse personne aux cartons des étalagistes, cette vieille image piquée d'humidité, mais cette bohème mystérieuse, ce jeune Lorrain confiant dans le mot « Italie », voilà deux aventuriers en qui je crois retrouver mon allégresse, quand, à vingt-trois ans, pour la première fois, je vins de Nancy à Venise.

Est-il possible qu'on ait attendu jusqu'à cette heure pour nous donner une étude sur ces « Premiers Vénitiens », quand il y a toute une littérature sur les primitifs de Florence!... Un inconvénient de ces catégories où les historiens rangent les artistes, c'est de nous enfermer dans un compartiment. On saura gré à Paul Flat de garder au milieu des détails qu'il accumule le sentiment de la Venise totale. Son objet précis, c'est une époque de l'art dans cette ville, mais en même temps qu'il ne nous laisse rien ignorer sur cent années de peinture, nous apprenons à connaître toute cette civilisation dans ses grandes lignes. Il a situé un morceau minutieusement étudié dans un ensemble où il marquait fortement les plans principaux. Et si ce dilettante et psychologue a désiré m'asso-

cier à son travail, c'est, me semble-t-il, pour ouvrir une fenêtre sur les
espaces qu'il ne couvre pas. J'étais recommandé à l'historien des primitifs
par un vieux goût qu'il me connaît pour ces peintres de l'extrême période,
qu'on appelle parfois les décadents vénitiens. Jadis je trouvais un poète
sublime, oui, un mélancolique déchirant, dans la peinture en S de ce
Tiépolo où je ne vois plus qu'un adorable maître de ballets et le peintre
qui nous révéla les plus délicieuses jambes. Combien d'heures je passai
à la Bibliothèque de Saint-Marc, au Palais Querini, cherchant des inter-
prétations romantiques à ses recueils de caprices !

Cette ville m'a toujours donné la fièvre. En vain le matin avec son
bleu si tendre et quand elle sonne ses clairs angélus, en vain l'après-
midi sur la piazza, quand une musique et des jolies filles en châles
ajoutent au meilleur des cafés, faisait-elle l'anodine. « Menteuse, lui
disais-je avec amour, je sais bien tes poisons ! » Notez qu'il faut des
mois pour atténuer ce paludisme détestable, dont la vitalité demeure
toujours latente : un retour attardé de Torcello suffit à rendre leur
vigueur aux terribles bactéries que Venise fait éclore chez des visiteurs
prédisposés. Ah ! le poison, le cher poison, cette eau qui dans la nuit
s'écrase en balançant contre les vieilles pierres. Elle chuchote, et sitôt
dans un flot gras s'empresse de noyer sa confidence. En hiver, au printemps, en été, en automne surtout, j'ai cherché à le déchiffrer ce soupir
de la lagune... Plus tard, j'ai voulu la volupté plus déchirante. J'ai
quitté Venise qui se pâme éternellement dans ses palais roses. D'autres
paysages m'ont fourni la plainte terrible des tziganes, l'angoisse après
quoi tout est fade, le cri qui s'élève en frémissant vers les astres...
Mais il s'agit ici de la ville de Canaletto, magnifique lieu commun des
poètes, des amants et des mélancoliques, et puisque l'auteur des « Premiers Vénitiens » ne laisse rien à exprimer sur l'instant où cette Vénus
blanche et rose sortit de l'Adriatique, le lecteur me permettra de rêver
ici, une fois de plus, à un livre que parfois je voulus écrire sur « la
Mort de Venise ».

*
* *

Un caractère, selon moi, fait le centre où nous pouvons rattacher toutes nos impressions vénitiennes : nous voyons une beauté qui s'en va vers la mort. Le secret des plaisirs divers et mêlés d'un même romanesque que nous trouvons sur la lagune, c'est que la brièveté de tant de belles choses nous excite à jouir de la vie.

Le génie commercial de Venise, son gouvernement despotique et républicain, la grâce orientale de son gothique, ses inventions décoratives, voilà des mérites nombreux et indiscutables, les solides pilotis de sa gloire. Nul d'eux pourtant ne suffirait à expliquer la qualité particulière de la volupté mélancolique que nous y trouvons. Mais chacune de ces merveilles est dans l'âge qui évoque l'idée du périssable. Dans ces petits canaux livides, ces pans de murailles byzantines, sarrasines, lombardes, gothiques, romanes, renaissance, voire rococo, toutes trempées de mousses, atteignent, sous l'action du soleil, de la pluie, du vent et par leur âge, le tournant équivoque où, plus abondantes de grâce artistique, elles commencent leur décomposition. Il en va ainsi des roses et des fleurs du magnolia, qui n'offrent jamais d'odeurs plus enivrantes ni de colorations plus fortes qu'à l'instant où la mort projette en elles ses secrètes fusées et nous propose ses vertiges.

Voilà la puissance de Venise, dans ce siècle, sur les rêveurs. On la distingue mal si l'on étudie une à une ses diverses perfections : il faut que la barque s'éloigne du rivage et que nous embrassions l'ensemble

A quelques heures de gondole, on peut visiter la brèche où le silence et le vent de la mort, déjà installés, prophétisent comment finira la civilisation vénitienne. Dans San Michele, Murano, Mazzorbo, Burano, Torcello, San Francesco in Deserto, îlots épars sur cet horizon désolé, les hommes de jadis essayèrent plusieurs Venises avant de réussir celle que nous aimons, et le chef-d'œuvre se défera comme aujourd'hui les maquettes où ils le cherchèrent

Nulle ville mieux orientée que Venise. Les magnificences du grand Canal et de la place Saint-Marc ont le soleil pour coadjuteur; si nous passons à la partie septentrionale que n'atteignent plus ses rayons directs, déjà le frissonnement de l'eau, l'atmosphère tout accablée attristent nos sens. Dès les « fondamenta nuova », où l'on embarque pour ces îles mortes, l'imagination, qui n'est plus soutenue et concentrée par la vue des monuments de l'art, accepte des impressions plus vagues, se disperse en rêveries et flotte sur l'horizon de deuil.

La première étape de ce pèlerinage, c'est, après vingt minutes de gondole, San-Michele, l'île de la mort, le cimetière de Venise. Il est tout fermé par un grand mur d'une couleur rouge et présente de face une cathédrale de marbre blanc et une maison basse, rouge elle aussi, dont les fenêtres ouvrent sur les eaux vertes et plates à l'infini de cette mer captive... Chateaubriand remarqua ces fenêtres quand il allait, après 1830, de Venise à Goritz. Il avait alors la gloire, qui, sans le pouvoir, n'est que la fumée du rôti qu'un autre mange. Chassé des affaires par ses coreligionnaires, par les amis du vieux monarque qu'il allait saluer dans l'exil, il leur avait dit : « Je vous montrerai que je ne suis point de ces hommes qu'on peut offenser sans danger. » Maintenant il tenait sa vengeance; il allait s'incliner respectueusement devant le déchu : « Sire, n'avais-je pas raison? » Plaisir d'orgueil, satisfaction amère et qui ne rétablit rien. Il souhaita une de ces cellules qui contemplent l'eau monotone. Le brisement de la mer sur des pierres délitées qui protègent un charnier lui aurait donné un rythme large pour ses phrases et des réserves de mélancolie où contenter ses dégoûts...

. Une composition du peintre Boecklin, fameuse en Allemagne, est intitulée « l'île de la mort ». L'imagination de cet artiste put prendre ici son point de départ. Mais devant San-Michele, a toute heure on trouve des gondoliers qui viennent d'amener un cadavre et qui, couchés dans leur gondole, plaisantent et caressent un fiasque. Boecklin cherche directement le tragique par de longs peupliers lombards, par des cyprès, de lourdes dalles, le silence et des eaux noires; je regrette les joyeux drôles qui attachent leurs barques mouvantes à la rive du cimetière. Pour nous désespérer sur notre dernière demeure, il ne faut pas l'environner d'une horreur générale; c'est nous flatter, c'est un mensonge; faites-nous voir plutôt l'indifférence ; seules pleurent deux ou trois personnes impuissantes et bientôt elles-mêmes balayées, pour qu'il en soit de nous et de notre petit clan exactement comme si nous n'avions pas existé.

Franchissons ce digne seuil de notre voyage; cherchons plus avant des images plus funèbres et plus rares. Notre gondole oblique de San-Michele vers la voisine Murano. On sait que des guides harceleurs mènent aujourd'hui tous les étrangers à la visite de ses verreries. Son apogée fut au xv⁰ siècle. De ses anciens jardins, les poètes et les romanciers célèbrent encore les délices, fameuses dans toute l'Europe. Nul souvenir heureux ne s'en maintient dans ces ruelles et ces canaux sombres, où l'art de quatre ou cinq siècles se déroule encore, mais trop contrarié dans sa décomposition pour qu'eux-mêmes les amants du romanesque, du douloureux et de l'extrême automne, puissent y séjourner. Les puissants et délicats palais sarrasins, lombards, gothiques, reçoivent toujours sur leurs perrons branlants l'eau que chasse notre barque en glissant ; aux deux rives, leurs façades perpétuent la galerie du rez-de-chaussée, la loge du premier étage, les gracieuses fenêtres en guipure de pierre et les marbres de couleur, mais des planches, des briques, les plus grossiers matériaux ont été apportés par la misère sordide pour étançonner des œuvres charmantes qui, de dégoût, se refusaient à persévérer dans la vie. Ces logis, abandonnés par l'intelligente aristocratie de marchands qui les édifia, n'épuiseront pas noblement leur destin. Dégradés par leur appropriation industrielle, ils deviennent d'ignobles masures quand ils pouvaient être de pathétiques souvenirs. La mort qui les couvre de ses sanies ne leur apporte ni le repos, ni l'anonymat. Notre guide nous désigne des cloaques, disant : « ici furent les chambres consacrées à la musique, à la poésie, à l'amour par de jeunes patriciennes et par des artistes. » Une telle exploitation de l'agonie épouvante davantage que ne faisait le cimetière de San-Michele. Puisse-t-il mentir ce miroir présenté à Venise ! Allons savoir plus loin s'il n'est pas de précédent qui lui promette de pourrir en paix ; on dit que sur sa lagune extrême flottent des îlots où les beaux objets s'abîment sans contrariétés aux liquéfactions de la mort.

Notre gondole balancée longeait et tournait le mur qui ferme Murano. Sur ces eaux peu profondes et pâles, qui présentent parfois les couleurs excessives des fleurs d'automne, nous suivions un chenal dessiné par des piquets, tandis qu'affleurait çà et là un limon mal dissous. Une voile violemment colorée d'ocre coupa seule, devant nous, le frémissement brillant et la solitude de l'air et de la plaine. Ces vastes espaces liquides, qui, vers le septentrion, bordent la ville des doges, sont aussi tristes que la Campagne de Rome : l'artiste et le philosophe aiment à peser cette désolation presque palpable et lourde comme la vraie beauté.

Mazzorbo, Burano, au loin, émergèrent comme des nymphéas flottants. A Mazzorbo il y eut jadis des couvents de bénédictines. C'étaient, paraît-il, de nobles viviers pour le plaisir. Le doge André Contarini, au xiv° siècle, se faisait un mérite d'avoir résisté aux séductions des religieuses. Ces belles complaisantes, sans doute grasses comme des cailles, ont depuis longtemps augmenté de leur chair pécheresse la maigre terre végétale de cet îlot. Elles revivent dans les grenades, les figues et le lierre vigoureux qui composent une parure classique à des ruines informes. Comme on les aime ces fruits, parmi ces aspects de décombres et de misère, de n'avoir pas désespéré ! Ils ont de la rosée le matin, et, le soir, des couleurs éclatantes, des parfums plus forts que la fièvre. Sur ces chaussées marécageuses et désertes, ces bouquets espacés d'allègre végétation semblent l'effort de quelque magie. Les beaux bras de ces nonnes impénitentes se tendent encore du rivage sur la mer dans ces longs acacias qui fleurissent des lieux maudits pour cet amour déréglé de la vie qu'elles y affichèrent.

Un pont de bois réunit Mazzorbo à Burano. Ce second îlot me rappelle Martigues en Provence que Charles Maurras m'a fait aimer, mais où il ne m'a montré ni ces tons roses, ni cette indigence. Sur le seuil de leurs maisons basses, disposées au long du canal ou dans une rue pauvre, on voit les dentellières faire leur point fameux, non pas avec le fuseau, mais avec l'aiguille à coudre, et belles filles affamées se détruire la vue pour créer des parures rares et fragiles qui coûtent, en effet, « les yeux de la tête ». Les hommes sont pêcheurs, mais l'Adriatique s'appauvrit de poissons, en même temps que la vente devient moins rémunératrice. La misère ne va point sans saleté ; ces pauvres gens pourrissent leur sol que pourrit aussi la lagune. Dans ce pauvre nid de boue, j'ai souhaité que la désolation s'aggravât encore d'un degré, afin que l'humanité disparût d'un site où elle ne peut plus se nourrir. La mort, d'ailleurs, ne rabattrait rien d'un spectacle dont elle fait précisément la magnificence.

Quand notre gondole, après avoir balancé un quart d'heure dans cet éternel silence et cette solitude, toucha la boue du rivage, nous suivîmes un sentier, le long du canal de dessèchement, entre deux haies de raisins, de grenades et de figues mêlés pour atteindre l'unique place de Torcello, où se trouvent rassemblés la cathédrale de Santa-Maria, l'église de Santa-Fosca, le baptistère.

La cathédrale est une basilique, c'est-à-dire, la sorte d'église qui se rattache immédiatement aux basiliques païennes. Le baptistère, construction octogonale, et l'église de Santa-Fosca appartiennent au noble système de l'architecture byzantine qui ne donne pas de perspective longitudinale, mais a pour élément essentiel la coupole centrale. Les personnes qui ont le goût des monuments se rendront tout de suite compte que cette petite place est extrêmement intéressante, soit que nous y trouvions des beautés suivant notre goût, soit que ces styles vénérables nous invitent à des rêveries historiques fécondes. Pour moi, les joyaux de Torcello ne cèdent à aucune des merveilles de Venise. Plus modestes que la grande Ravenne, ils sont pourtant d'une même qualité et figés dans une mort également forte.

Un vent tragique soufflait sur ces trois sépulcres, qu'une femme aux longs voiles vint rapidement nous ouvrir. Il semblait qu'elle fût pressée de retourner chez elle veiller un cadavre. Quand nous pénétrâmes à Santa-Maria, une terrible moisissure d'eaux et de siècles arrêta notre respiration ; le bruit de la lourde porte qui retombait sur nous en s'opposant à l'air, au soleil, parut le glissement d'une dalle sur un in-pace. Que ne sais-je lire les mosaïques qui tapissent la cathédrale ! j'y aurais trouvé tout un système dogmatique et poétique ; j'aurais entendu la voix mystérieuse de l'an Mil, car, autant qu'il décore, cet art explique : il est une écriture figurative. Je ne sais pas déchiffrer ces magnifiques rébus, et quand je comprendrais leur lettre, entendrais-je leur esprit ? Pourtant j'appréciai beaucoup dix-sept têtes de morts enfilées par les yeux et auxquelles faisaient pendant dix-sept têtes vivantes avec des boucles d'oreilles. Élégante variation sur nos frivolités et le néant. Cette double brochette est plus capable de nous atterrer que les danses macabres qui bouffonnent aux murs du cimetière de Bâle.

La pureté, la jeunesse, la grâce des trois monuments oubliés sur cette boue malsaine de Torcello la placent dans mon amitié auprès de la prairie pisane, où le dôme, le baptistère, la tour et le divin campo santo maintiennent un éternel printemps, plus doux que l'avril sicilien. Ici, c'est toujours novembre. Sous deux climats moraux différents, ces monuments imposent au visiteur les enchantements de la mélancolie. Pise et Torcello que l'âge ruine sans les affaiblir, sont également excitateurs de l'âme. Il est vrai que la prairie pisane s'enorgueillit d'une féconde invention artistique, et l'esprit renaissant y soumit la matière à des lois nouvelles, tandis que Torcello se borne à utiliser des fragments antiques selon un système traditionnel ; mais celui qui a le sens de l'histoire reçoit ses motifs d'action aussi bien des tombes que des berceaux.

La vénérable basilique, le baptistère et Santa-Fosca furent construits avec les ruines d'Altina qu'avaient édifiée les fugitifs d'Aquilée, alors qu'Attila venait d'anéantir leur puissante patrie. Et cette succession de désastres, qui tient dans un bref espace de siècles, donne à l'imagination une vaste perspective. J'aurais aimé à m'y attarder, mais comment passer plusieurs jours sur ce sol malade, que corrompt une fièvre apportée et par l'air et par l'eau, ce pendant que lui-même s'empoisonne de ses émanations.

De cette terre pourrie, des enfants avaient surgi, augmentaient à toute minute. On n'imagine pas de pauvres plus malheureux, plus sympathiques, plus abandonnés par la société humaine. MM. Molmenti et Mantovani, historiens véridiques, ont vu une pauvre femme manger une tranche de polenta avec une galette de terre pressée en guise de pain. Le jeune troupeau de ces condamnés à la faim et à la fièvre me poursuivait en m'offrant des trèfles à quatre feuilles. Enchantés de ma naïveté, ils ravagèrent les ruines, et, ma gondole déjà loin, ils me tendaient encore, ces infortunés marchands d'espérance, du bonheur à pleines poignées.

Au quitter de Torcello et revenant vers Venise, nous côtoyons des espaces où la pourriture s'est faite liquéfaction. Le gondolier nous désigne l'emplacement où fut l'isola delle Donne, l'île des Dames. Battue par les courants marins, marécageuse et insalubre, cette île, ornée de nombreuses églises, devint un nid de serpents et de voleurs ; elle se dégrada au point qu'en 1665 on y transporta les ossements exhumés des églises trop pleines. Confus amas dont l'industrie moderne se sert impudemment pour raffiner ses sucres. On affirme que les restes du fameux doge romantique Marino Faliero échouèrent là pour cet usage. Les poètes, dégoûtés des cendres de leur héros par une telle utilisation industrielle, vont jeter par-dessus bord une mémoire, qui pourtant leur a rendu bien des services. Finir dans la mélasse et dans des poëmes d'opéra, c'est trop de platitude. Il vaudrait mieux dans un charnier infàme rassasier les chiens de Jézabel.

Je me penchais vainement sur la lagune polie et homogène pour distinguer Anania, un îlot qu'elle a submergé. Les plongeurs visitent, sous ces eaux mortes, des maisons englouties avec leurs richesses architecturales. Tandis que j'essayais dans ce silence d'entrevoir ce passé, les minces sons d'une musique qui faisait danser, en l'honneur de Sainte-Marie du Rosaire, dans une salle basse de Burano, traversèrent ces vastes espaces pour nous atteindre. L'atmosphère m'éblouissait. Le désert donnait cette fête suave sans spectateurs. Mais un peuple entier, dans ce paysage, se fût retenu de respirer pour n'en pas ternir la délicatesse.

La journée s'avançait quand nous touchàmes à San-Francesco in Deserto, à Saint-François dans le Désert, et aux parties les plus sublimes de désolation. L'heure tardive collaborait avec le paysage. C'est dans cet îlot que saint François d'Assise, au retour d'Égypte, débarqua. Il voulut prier, les oiseaux tapagaient; il leur dit la parole fameuse : « Petits oiseaux, mes frères, cessez de chanter, sans quoi je ne pourrai louer Dieu. » En Ombrie, c'eût été une charmante gentillesse; mais dans ce décor tragique, cette parole semble avoir tout dévasté. Quand il eut fait oraison, le saint fut coupable de ne pas engager les oiseaux à reprendre leur ramage. « Le soleil d'Assise, dit le Dante, épousa une femme à qui, comme à la mort, personne n'ouvre la porte du plaisir... Quels sont ces amants que désignent mes paroles mystérieuses? François et la Pauvreté. » Voilà un beau décor pour ce mariage mystique. Un chien aboyait derrière les hauts murs d'un couvent de franciscains qui ne laisse libre sur cet îlot qu'une étroite bande de désert.

Nul sujet de rêverie ici que la préparation à la mort. Des lieux ainsi caractérisés provoquent chez tous les hommes, moines catholiques, ou passants sceptiques, quelque doctrine qu'ils professent, des ébranlements de même ordre. Ce que les solitaires chrétiens appelaient vivre pour l'éternité, c'est ce que nous appelons s'observer, comprendre le néant de la vie. Plongés dans un tel milieu, nous élaborons, tous, des raisonnements et des images analogues. De plus en plus dégoûté des individus, je penche à croire que nous sommes des automates. Nos élans les plus lyriques, nos pensées les plus délicates sont d'un ordre tout à fait grossier, général. Enchaînés les uns aux autres, soumis aux mêmes réflexes, nous repassons dans les pas et dans les pensées de nos prédécesseurs.

Je fus averti qu'un tel jour approchait de son terme par les torrents de sang qui se mêlèrent à la lagune. Le soleil, en la quittant, ne voulait-il laisser derrière lui qu'une belle assassinée? De montrueuses araignées travaillaient à relier de leurs fils les chétifs arbustes de la rive. Les crabes se hissaient hors de l'eau. C'était l'heure de la plus active fermentation, et pour regagner Venise j'avais encore un long temps de gondole...

L'eau qui entoure San-Francesco est plus morte que sur aucun point de cette mer esclave. Nous serpentions dans un chenal étroit, à travers des terres demi-noyées et faites d'herbes pourries, d'où se levaient de grands oiseaux. Tout auprès de nous, les perches dressées pour guider les bateliers semblaient des tracés posés sur un tableau sublime pour guider celui qui eût tenté de le copier. Sur notre droite, là-bas, Venise, au ras de la mer, s'étendait et devait faire une barre plus importante à mesure que le soleil s'anéantissait. Des colorations fantastiques se succédèrent qui eussent forcé à s'émouvoir l'âme la plus indigente. C'étaient tantôt des gammes sombres et ces verts profonds qui sont propres aux ruelles mystérieuses de Venise; tantôt ces jaunes, ces oranges, ces bleus avec lesquels jouent les décorateurs japonais. Tandis qu'à l'occident le ciel se liquéfiait dans une mer ardente, sur nos têtes, des nuages enivrants de magnificence renouvelaient perpétuellement leurs formes, et la lumière crépusculaire les pénétrait, les saturait de ses feux innomables. Leurs couleurs tendres et déchirantes de lyrisme se réfléchissaient dans la lagune, de façon que nous glissions sur les cieux. Ils nous couvraient, ils nous portaient, ils nous enveloppaient d'une splendeur totale et, si je puis dire, palpable. Vaincus par ces grandes magies, nous avions perdu toute notion du réel, quand des taches graves apparurent, grandirent sur l'eau, puis nous prirent dans leur ombre; c'étaient les monuments des doges.

Nous rentrâmes dans la ville, avec le sentiment de stupeur, de regret et avec la courbature générale que dut avoir Lazare à sa résurrection.

Au sortir des sépulcres de Burano, de Torcello et de Mazzorbo, nous venions d'être ravis, la fièvre aidant, jusqu'aux fulgurations que les croyants placent après la mort.

Au reste, il est impossible de rapporter l'agonie du soleil sur la lagune vénitienne. Après s'être prodigué jusqu'à nous contraindre à sortir de notre personnalité, il nous touche le front d'un dernier rayon pour nous dire : « Et maintenant, oublie. Il ne faut pas que ces choses soient révélées. » Nous touchons là aux points extrêmes de la sensibilité, quand le rare s'élargit et se défait dans l'universel, et que notre imagination, à poursuivre le but sans trêve reculé de nos désirs, s'abîme dans une lassitude ineffable. La nuit qui succède à ces aspects extraordinaires envahit aussi notre cerveau, et leur conjuration ne nous laisse que des souvenirs vacillants.

Je suis allé respirer un myrte du désert; comment prouver son parfum dont la poésie provient de ce qu'il se dissipe stérilement vers les cieux et retombe aux miasmes d'un rivage décrié.

Mais Paul Flat, voulant nous faire jouir de l'aurore vénitienne, illustre son texte d'illustrations où l'on voit l'allégresse et les naïfs amusements d'une époque féconde. Associons son éditeur dans la gratitude qu'éveille en nous un livre tout plein de beaux aide-mémoire pour nos sensations vénitiennes.

Maurice BARRÈS.

LES PREMIERS VÉNITIENS

AVANT-PROPOS

Entre toutes les écoles de peinture qui se développèrent dans un milieu fixe et précis, sans doute n'en est-il pas qui, plus que l'École vénitienne en ses successives évolutions, présente un caractère de rigoureuse unité. Si nous examinons les maîtres essentiels depuis l'origine de l'École jusqu'à son final accomplissement, toujours nous retrouvons les mêmes traits essentiels aussi ; et les préoccupations qui modelèrent le talent d'un Cima ou d'un Carpaccio ne nous apparaissent pas sensiblement différentes de celles qui préparèrent l'œuvre d'un Titien ou d'un Tintoret.

C'est qu'à vrai dire jamais école locale ne fut plus resserrée ; et les éléments de beauté extérieure qui contribuèrent ici à modeler l'âme artiste ne se présentèrent nulle autre part avec un caractère de nécessité, et, si j'ose dire, de despotisme aussi franchement accusé.

Le premier de tous, le plus efficace, celui qui dès l'abord exerce sa prise puissante sur les tempéraments les moins préparés, est tout en cette action sensuelle de la vie qui s'offre au regard sous les dehors les plus captivants : on ne saurait l'imaginer autrement que complaisante et facile. Tout ce qui est en nous de tendance à la volupté trouve ici son emploi libre et son épanchement naturel. Il convient d'insister sur ce point, car il est d'une importance majeure, et peut servir à en éclairer bien d'autres ; c'est toujours ainsi d'ailleurs, par menus traits psychologiques, qu'il faudrait procéder : tel problème d'art, qui par une autre méthode nous demeure incompréhensible, s'en trouverait soudainement éclairé.

L'âme du visiteur, si peu qu'il soit artiste, se hausse à un ton qui ne lui est pas habituel : elle a subi, par simple transposition, l'influence déformatrice, mais si complètement ensorcelante, de cette voluptueuse cité. Je voudrais prendre un exemple, et le plus banal, car mieux que tout il éclairera ce point. Pourquoi, dans ce cadre incomparable, l'air de musique le plus vulgaire, et qui partout ailleurs provoquerait le dégoût, nous touche-t-il aussitôt en ce que nous avons de délicat et de sensible, jusqu'à nous tirer les larmes des yeux, quand nous l'entendons la nuit dans ce magique décor, l'âme tout emplie des émotions de la journée ? N'est-ce pas simplement l'effet d'une influence exaltante, qui nous a montés à un ton peu commun et se surajoute à ces émotions ?

Communier avec cette beauté extérieure et décorative, telle est la première condition nécessaire à l'intelligence d'un pareil art, et la voie toute tracée aussi pour atteindre à son intime signification. Encore faut-il, pour la pénétrer pleinement, quitter quelque temps la ville elle-même, prendre le large vers la lagune et l'Adriatique. Une visite à l'île de Chioggia, qui fut autrefois la rivale de Venise, nous donnera le recul nécessaire pour embrasser en son ensemble la magnificence du spectacle. Au matin, quand la lumière n'est point trop intense encore, et que le soleil levant teinte de rose l'ocre violent et contrasté des voiles de pêcheurs, la mer s'étend sur la lagune comme un miroir plan où se réflètent les objets avec une précision rigoureuse. Et c'est bien un pur effet de mirage dans l'atmosphère humide, toute saturée de brumes matinales, ces îlots parsemés sur la lagune, qui mirent alentour les moindres détails de leurs architectures. Au loin, dans cet air translucide, apparaît fermant l'horizon la ligne du rivage formée par une longue file d'arbres qui se reflètent pareillement dans la mer. Il faut céder au charme de ce paysage sans équivalent, emplir ses yeux de cette délicate et subtile lumière, goûter au contact la fraîcheur de cet air léger, et, pour tout dire, s'abandonner à cette prise des sens qu'exerce nécessairement sur toute nature finement douée une aussi complexe beauté.

Par elle-même, et quel que soit son genre d'attrait si original et si puissant, l'île de Chioggia ne nous enseigne rien d'autre sur la beauté vénitienne. C'est autre chose : je ne sais quoi de plus heurté, de plus violent comme couleur, des contrastes plus intenses, un ton franchement oriental, si j'en juge à certains souvenirs des villes de l'Andalousie : telles Séville et Cordoue. Les ruelles étroites, où le soleil pénètre à peine, avec leurs arcades disposées étrangement, les loques aux tons multicolores suspendues aux fenêtres, les heurts violents de lumière et d'ombre, avec ces rais de soleil tombant d'aplomb sur cette population d'enfants grouillants, sur cette vermine colorée ; un rien quelquefois, une expression physionomique tendue et persistante, c'est assez pour reporter notre pensée vers des régions plus lointaines qui sur nous exercèrent sans trêve la fascination du mystère, de l'inconnu que rien ne saurait dévoiler ! Les historiens de la République vénitienne nous rapportent que Chioggia fut une cité florissante autrefois, et pour le commerce, rivale de Venise. Il apparaît clairement que ses relations avec l'Orient durent être à cette époque fréquentes, pour ne pas dire continues : tout ce qu'elle enferme encore de vie et de beauté extérieure est comme saturé du parfum de ces pays !

C'est là, quand même, une impression rare qui, pour être diffé-

rente de la pure séduction de Venise, s'harmonise avec celle-ci et
la complète. On s'en rend compte au retour, quand les images de
la journée se sont classées dans le souvenir, cependant que le
bateau vous ramène vers la glorieuse cité. Il faut avoir assisté à
cette fin du jour, au resplendissement du soir sur ce paysage
d'eau dormante, de sable affleurant la mer et de montagnes lointaines, pour sentir la prise complète de cette impériale courtisane
et pour vivifier les images de beauté qu'elle a par avance suscitées
en nous. Car ce n'est point assez que voir Venise en l'infini détail
de ses canaux, de ses églises, de ses palais et de ses rues : une
chose radieusement belle déjà sans doute, et qui nous retient par
tout ce qui est en nous d'amour du mystère et de l'imprévu !
Encore une telle impression ne saurait-elle produire son effet total
que complétée par une vue d'ensemble, et c'est du haut d'un campanile ou de la lagune au loin qu'on la peut avoir. Le soleil déjà
bas va disparaître derrière la noble chaîne des monts Euganéens,
d'un dessin si pur, d'une forme si véritablement antique, et qui,
sous la brusque irradiation de cette lumière soudaine, précisent
leur élégante courbure à peine entrevue le matin parmi les brouil-
lards. Par endroits, la lagune apparaît morte, toute noire déjà,
comme si la nuit l'avait emplie d'ombre ; puis un banc de sable
émerge auprès de vous, avec quelques touffes d'herbe espacées,
une pauvre et maigre végétation qui a peine à vivre dans cette
atmosphère d'humidité saline. Et ce sont, par ailleurs, des plaques
de lumière contrastant avec l'ombre, une lumière rose et rouge,
puis orangée, se distribuant sur les bancs de sable, et là-bas sous
vos yeux les dômes des églises et le faîte des campaniles baignés
encore par l'éclat d'or qui va disparaître !

Voilà pour éclairer aussi d'une lumière décisive la formation
et le groupement serré d'une école qui eut deux cents ans
d'éclat et dont les maîtres illustres se développèrent en un pareil

milieu ! Nous avons dit plus haut que les traits essentiels de leur art se retrouvent en chacun d'eux : c'est qu'en effet rien n'est plus puissant, pour créer un lien d'âme, que cette vivante beauté du décor au centre duquel grandirent ces talents successifs. Très active et déjà fortement efficace sur nos sens blasés par une hérédité d'expérience, combien elle le devait être sur ces âmes neuves du xve siècle, dont les yeux s'ouvraient à la vie avec une fraîcheur enfantine, et qui portaient en elles cette intime énergie créatrice dont aujourd'hui nous ne pouvons nous représenter qu'une image affaiblie ! Pour eux évidemment — et la naïveté du premier âge de la peinture nous en fournit la preuve, non plus à Venise seule, mais en tous les centres de ce glorieux pays — l'élément de beauté qui frappait leurs regards en toutes choses apparaissait à la façon dont le grand essayiste Carlyle nous montre que furent impressionnés les premiers penseurs : — « Simple, ouvert comme un enfant, cependant avec la profondeur et la force d'un homme. La nature n'avait encore pas de nom pour lui : il n'avait pas encore unifié sous un nom l'infinie variété de vues, de sons, de formes et de mouvements que nous, maintenant, nous nommons collectivement univers, nature, ou autre nom pareil, et dont ainsi avec un nom nous nous débarrassons. Pour l'homme au cœur profond, tout était encore nouveau, non voilé sous des noms et des formules ; tout se dressait nu, flamboyant sur lui, beau, redoutable, ineffable. La nature était pour cet homme ce que pour le penseur et le prophète elle est à jamais : surnaturelle. »

Tels j'aime à me représenter, sortant des ombres du moyen âge et entr'ouvrant à mesure leurs yeux sur la vie, ces naïfs artistes du xive siècle qui nous offrent la première révélation de la Beauté, et les premiers efforts aussi pour se former une conscience. Il se conçoit d'ailleurs qu'au milieu d'une telle atmosphère, et dans un cadre où les images esthétiques avaient une pareille intensité, leurs progrès aient été rapides et qu'ils aient dégagé leur formule plus soudainement que les autres. Ils eurent aussi plus d'unité ; et si jamais l'expression d'*École*, employée pour désigner un groupement de peintres soumis aux mêmes influences, fut exacte, c'est à Venise qu'il faut l'employer... Le milieu précis dans lequel ils vécurent fut l'éducateur de leur âme et l'inspirateur de leur talent. Qu'ils soient nés à Venise même, ou bien dans un de ces petits centres, Padoue, Vicence ou tel autre, qui rayonnaient autour de la glorieuse cité, c'est de Venise qu'ils subirent l'influence : ce fut elle qui leur révéla la Beauté, et surtout leur donna cette unité de conscience par où ils s'imposent à nous. Lorsque nous disons : *école espagnole* par exemple, ou bien encore *école allemande*, nous entendons tels groupements d'artistes qui se développèrent en des paysages relativement divers et d'une unité bien moins précise. Quand nous disons : *école vénitienne*, c'est aux seuls maîtres de la lagune que nous nous restreignons.

Leur ville fut tout pour eux : entendez qu'ils lui furent redevables de leur grandeur, grâce à la précision de l'enseignement qu'elle leur dispensa. Car sans doute jamais la théorie du milieu créateur de l'âme artiste ne rencontra plus éloquente démonstration. Elle fut tout pour eux, puisqu'elle modela leur génie à l'image de sa resplendissante beauté, et leur composa cette âme que nous allons retrouver identique en ses principaux éléments de vie extérieure et décorative, sauf à noter, comme nous le devrons faire, la distance qui sépare tels et tels, si l'on se place au point de vue de la vie intérieure et des émotions intimes. Sans doute à cet égard il y aura de curieuses et importantes distinctions à établir entre tel maître restant un pur décorateur, uniquement impressionné par les spectacles de la vie extérieure, et tel autre, au contraire, qui atteignit à l'émotion la plus vive et la plus contagieuse pour nos âmes modernes. Il n'en demeure pas moins que pour tous, la res-

plendissante beauté de la patrie vénitienne fut l'inspiratrice souveraine et l'excitant principal.

Ce qu'elle leur prêta d'ailleurs ils surent le lui rendre amplement et surabondamment, ces beaux maîtres de la lagune qui
donnèrent à leur ville deux cents années de gloire et d'éclat artistique. En ce sens, et plus encore qu'en aucun autre lieu d'Italie,
l'art fut la glorification de la cité et l'efflorescence décisive de la
vie sociale. Depuis ses origines jusqu'à sa décadence, il raconta
la splendeur de la patrie et s'y employa avec une telle activité que nous ne saurions trouver dans l'histoire de la peinture
un second exemple aussi parfaitement significatif. Et je n'entends
pas parler seulement des maîtres qui de façon effective, et par le
choix du sujet, appliquèrent leurs efforts à la restitution de la vie
vénitienne du temps : voilà qui est trop évident. Ne soyons pas
dupes des apparences et pénétrons plus avant que ce qui frappe
nos yeux! L'unité parfaite du tempérament vénitien nous appa-
raîtra dans les œuvres les plus diverses, et dans les sujets en
apparence les plus contraires il nous faudra discerner la même
âme.

CHAPITRE PREMIER

LES PREMIÈRES ORIGINES

CHAPITRE PREMIER

LES PREMIÈRES ORIGINES

Rien ne saurait mieux démontrer les origines de l'art vénitien qu'une visite attentive à l'île de Torcello. Fragment de ce groupe qui entoure la lagune sur laquelle fut édifiée la cité vénitienne, ou, si l'on veut, fragment de cette lagune même, elle apparaît bien comme un morceau détaché de tout cet ensemble géologique si particulier, si exceptionnel, si véritablement unique, qui fait de tout ce coin d'Italie un spectacle sans équivalent.

Au soir, quand l'éclat triomphant de la lumière épand sa lueur de glorieux incendie sur les dômes de Santa-Maria della Salute, il faut tourner ses regards de la ville resplendissante vers l'Adriatique aux flots changeants comme la plus lustrée des moires. Du haut d'un campanile, celui de Saint-Marc, ou mieux encore, celui de Saint-Georges Majeur, il faut embrasser d'un seul coup d'œil cette ceinture brillante d'îlots qui surgissent de la mer et sont comme des coquilles de nacre aux tons complexes et bigarrés.

Abordons à l'une de ces îles, pareilles à des sœurs jumelles, et de préférence choisissons Torcello. La mer qui l'entoure est calme et peu profonde, si peu que le bateau est tenu de suivre un chemin fixe, sous peine de toucher le fond. Les bancs de sable émergent de toutes parts et parfois un oiseau s'y vient poser en poussant des cris. Les voiles rouges des pêcheurs de Chioggia surgissent à l'horizon, enflammées par les rayons du soir, et semblent dans le lointain comme de grandes ailes d'oiseaux s'ouvrant pour prendre leur vol. Quelques pauvres arbres, maigres et rabougris, sortent de ce sol infertile, autour duquel la mer est souveraine maîtresse. Le bateau s'arrête, et tout un peuple de loqueteux se précipite à la rencontre de l'étranger.

Une vieille église, en partie ruinée, et que l'on répare avec une lenteur tout italienne, nous appelle et nous retient ici. Au fond du chœur, emplissant la coupole, sur un cintre d'or éclatant, la grande vierge byzantine du XIIe siècle est debout, immense et seule avec l'enfant qu'elle tient appuyé sur son bras !

La voilà, la véritable mère de tout l'art que nous allons étudier, la mère de toutes les *Madone col Bambino*, qui plus tard seront la gloire de l'école, et différemment interprétées selon le génie des maîtres qui s'y appliquèrent, nous dévoileront l'inépuisable fécondité de cet instinct religieux qui est le trait commun à l'évolution tout entière des premières écoles italiennes ! Thème unique et toujours suggestif, dont les variations innombrables seront redites et modulées à l'infini ! Miracle aussi, ne faut-il pas l'avouer, qu'une telle monotonie d'inspiration n'engendre jamais la lassitude, et maintienne bien au contraire l'unité d'intérêt qui s'attache au développement de ces beaux maîtres ! Nous verrons plus tard qu'on doit l'attribuer à des raisons proprement picturales, plus encore qu'à l'invention même et aux facultés imaginatives... Elle est là toute droite, la grande Vierge byzantine, avec son corps long et mince, ce corps sans sexe, enveloppé et comme enroulé dans ses draperies, avec ses mains aux doigts effilés tout ouvertes, avec sa petite tête grêle aux yeux fixes et dilatés, à la bouche indiquée par une simple ligne droite. L'enfant repose sur son bras gauche tendant la main comme pour bénir : et c'est un petit être informe encore, presque grimaçant, où la conscience de l'artiste n'apparaît qu'à l'état embryonnaire, bien qu'il y ait là en germe les traits essentiels

de ce qui deviendra l'œuvre d'art : premier effort aussi de l'instinct plastique pour s'exprimer, qui aboutit à cette création
étrange, non point belle, vous entendez bien, mais si impressionnante par son étrangeté même!...

La Vierge et les Apôtres (Mosaïque du xiie siècle.) Ile de Torcello.

La voilà donc la véritable œuvre *primitive*, avec tout l'ensemble
des caractères qu'il convient d'attribuer à ce mot. « *Primitifs*,
disions-nous à propos d'un maître qui nous fournira mainte comparaison pour cette étude, c'est le nom de la catégorie où notre

manie ordonnatrice s'obstine à classer l'auteur d'œuvres si intenses
et si expressives ! » Et puisque nous aurons plus tard à nous expliquer sur le sens véritable et la portée d'un terme dont on a tant
abusé, disons dès maintenant qu'à nos yeux celles-là seules seront
des œuvres primitives qui reproduiront en leur ensemble cette
attitude et ce caractère *hiératiques*, par où dès l'abord nous frappe
la vierge byzantine !

La grande vierge du XIIe siècle n'est pas seule significative en
cette île de Torcello. En face d'elle, au-dessus du portail de
l'église, toute une série de scènes naïves, se rattachant aux
légendes chrétiennes, nous devient d'un aussi précieux enseignement : c'est le premier essai de groupement qui vient frapper nos
regards.

Gauche et timide essai sans doute, mais si parfaitement sincère, de l'instinct plastique, pour grouper des attitudes expressives : vous nous devenez, à nous qui par-dessus tout sommes
curieux des mouvements d'âme, et par delà le signe visible
tâchons de pénétrer l'intimité mystérieuse de la vie ; oui, vous
nous devenez aussi révélateurs que ces premiers balbutiements
par où les lèvres enfantines s'appliquent à assembler des sons
liés ! De toutes vos forces vous tendiez à être expressifs, et sans
doute n'atteignez-vous qu'à nous donner une première et insuffisante formule de ce génie plastique qui devait, plusieurs siècles
durant, entraîner vos descendants et leur inspirer des chefs-
d'œuvre ! Si parfaitement, si évidemment sincères, vos maladresses mêmes nous sont révélatrices de cette ardeur à s'exprimer,
de ce désir de peindre, qui demeurent après tout la forme supérieure de l'amour, et auxquels nous voulons appliquer nos efforts.
C'est en ce sens que le mot *sincérité*, que nous notions plus haut
pour marquer la part naïve et ingénue d'un tel art, s'applique mer-
veilleusement à l'œuvre de ces premiers maîtres, et atteint, quand

on parle d'eux, à la plénitude de sa valeur. En ce sens pareillement l'employait le grand essayiste anglais, quand il disait : —
« Pas d'homme capable de faire une chose quelconque, s'il ne
commence par la prendre vraiment au sérieux, par être ce que
j'appelle un homme sincère. Je dirai que la sincérité, une profonde, grande, ingénue sincérité, est le premier caractère de tous
hommes qui sont d'une façon quelconque héroïques. Non la sincérité qui s'appelle elle-même sincère ; ah non : celle-là est une très
pauvre chose en vérité ; la sincérité du grand homme est de telle
sorte qu'il n'en peut parler, qu'il n'en a pas conscience. »

Aussi bien cette inconscience nous apparaît-elle le second trait
distinctif d'une telle œuvre, et nous y goûtons comme une saveur
nouvelle que nulle autre ne peut nous rendre, dont tout effort
artificiel surtout ne saurait nous donner qu'une répulsive et exas-
pérante contrefaçon. Mais de ceux qui sentirent et s'exprimèrent
ainsi, parce que telle était l'impérieuse nécessité de leur âme, il
nous faut interroger l'œuvre avec sympathie et curiosité. Ce ne
sont pas là choses négligeables, comme autrefois on s'appliquait
à le dire. Notre point de vue contemporain s'est avec raison modifié, et nous y attachons un intérêt qui n'est plus seulement esthétique, mais à vrai dire et très justement psychologique. Et ce nous
est une manière de pénétrer plus avant que l'œuvre même, jusqu'à
la nature et aux facultés essentielles de la race dont elle sortit.
Par delà telles maladresses en effet qui peuvent nous faire sourire,
nous tâchons de nous représenter la foi qui les soutenait, qui les
dirigeait, et d'un irrésistible élan les poussait à donner une forme
visible aux images de sainte adoration flottantes en leur cerveau.

Parmi ces scènes des légendes chrétiennes figurées en l'église
de Torcello, il est des traits aussi naïfs que ceux de la Madona
dell'Arena de Padoue, où Giotto, représentant le baptême du Sauveur, nous montre les eaux s'arrondissant autour du corps de

Jésus. Délicieuse naïveté, qui pourra faire sourire, mais ne nous retiendra pas longtemps, si nous songeons à l'élan intérieur qui les poussait. Combien d'autres trouverait-on, et de plus saisissants peut-être : car la tâche est facile de dénoncer les maladresses de dessin, la raideur des attitudes, le défaut des perspectives, bref toutes les insuffisances inhérentes à un art de début. Il ne nous appartient pas de les relever ici : nos préoccupations sont autres et le genre d'effort où nous nous appliquons nous enseigne une direction toute contraire.

Cette direction, nous ne saurions trop y insister, ce tour, ou, si l'on préfère, cette orientation de l'esprit en face des œuvres produites par une nécessité intérieure, nous l'aurons suffisamment précisée en disant qu'elle est toute en une préoccupation passionnée de ce qui nous semble expressif d'une émotion réelle. Là se trouve, pensons-nous, le secret d'une compréhension vraiment totale de l'œuvre peinte ; et les liens qui pour un œil clairvoyant rattachent la première formule bégayante aux expressions plus poussées de l'école, nous semblent tellement étroits que nous ne saurions nous en abstraire.

D'ailleurs nous ne sommes pas loin de rencontrer les premiers linéaments d'un art complet. Voici, de la seconde moitié du xive siècle, un panneau du peintre Catarino : *le Couronnement de la Vierge*. Sans doute l'expression physionomique est bien pauvre encore : dirons-nous qu'elle est presque inexistante dans les têtes du Christ et de la Vierge. Mais cependant d'une part la préoccupation du groupement qui inspire à l'artiste la disposition de ces *anges-musiciens* rangés en cercle autour de Marie et de Jésus ; de l'autre ce souci d'ornementation qui apparaît dans les décorations complexes du vêtement ; enfin les fonds d'or sur lesquels se détachent les anges : autant de traits s'indiquant ici, qui plus tard deviendront fixes et, si j'ose dire, *traditionnels*,

Inconnu du xivᵉ siècle. — Le Couronnement de la Vierge (Académie des Beaux-Arts. Venise.)

quelque chose comme la signature des maîtres qui viendront à la
suite !

L'expression physionomique se dégage dès la fin du xive siècle.
Non loin de Catarino, voici à l'Académie un panneau de Nicolo di
maestro Pietro : la *Vierge au trône*, entourée d'anges, tenant l'enfant sur ses genoux. Vraiment, et pour la première fois peut-être
ici, il faut noter une pensée dans cette tête : pensée tout embryonnaire, j'y souscris, rudiment de conscience, mais quelque chose
cependant qui est comme l'éveil à la vie, et se traduit par la douceur du regard. Bien fixes encore et vagues, ces yeux sont néanmoins ouverts sur les choses, et nous voyons comme un sourire
éclairer cette tête naïve. Tel est le suprême intérêt de ces études
appliquées à l'évolution des écoles depuis leurs origines : noter
l'éveil de la conscience au moment même où elle apparaît.

On ne saurait trop insister sur le caractère *traditionnel* du
groupement des personnages que nous observions tout à l'heure
dans l'œuvre de Catarino. Evident et manifeste dans toutes les
subdivisions de l'école italienne, peut-être n'apparaît-il nulle part
plus accusé que chez ces premiers maîtres de Venise. Un peintre
de la fin du xive siècle, Jacobello del Fiore, nous en offre un saisissant exemple dans un panneau qui représente la Madone entourée
de saints et de fidèles. Ici c'est le groupement par trois personnages : la Vierge au centre, avec un saint à droite et un autre saint
à gauche. Mais c'est autre chose encore : c'est la Vierge mère se
constituant protectrice des fidèles, écartant les plis de son manteau pour les accueillir. Et la naïveté charmante de l'artiste les a
groupés à genoux et mains jointes, de taille microscopique comme
des fidèles de Lilliput, tandis qu'elle apparaît elle-même de grandeur démesurée... Thème ingénieux et nouveau, que nous retrouverons maintes fois repris par la suite, en des œuvres plus poussées et plus expressives, chez Vivarini par exemple, mais qui n'en

Iacobello del Fiore — Couronnement de la Vierge

(ACAD. DES BEAUX-ARTS)

fut pas moins pour la première fois indiqué au XIV° siècle, avec les premiers balbutiements d'un art à ses débuts.

Ce même Jacobello del Fiore nous montre près de là un grand panneau décoratif, non moins curieux par son importance que par le caractère symbolique dont il est empreint. C'est la *Justice des Archanges*, avec au centre, une femme tenant les attributs de la justice, à droite et à gauche les deux archanges Raphaël et Gabriel.

Tout à fait notable et digne d'attention cette apparition du Symbole dans la peinture vénitienne des premiers temps. Je crois bien qu'il n'y aura pas à en signaler un second exemple. Il n'y faut pas voir un simple hasard, mais bien plutôt une justification de l'esprit et du tempérament vénitiens. Cet esprit, nous en aurons par la suite mainte preuve décisive, fut avant tout positif et précis même dans les œuvres où la part du rêve et de la fantaisie créatrice semblait devoir s'imposer. Si ce n'était assez des exemples que nous prodiguent leurs peintres à toutes les époques de l'art, depuis les origines jusqu'à la décadence, on pourrait se référer au talent littéraire de leurs écrivains. Une race en effet qui a produit des esprits aussi nets et tranchés que l'Arétin et Goldoni se dénonce elle-même par des traits qui ne peuvent tromper. Très fortement impressionnés par les spectacles de la vie réelle, leurs yeux d'artistes trouvaient un perpétuel enchantement dans la vision de l'univers changeant et coloré qui posait devant eux. Nous avons vu l'action décisive, immédiate et despotique, de cette beauté tout extérieure, agissant sur l'âme avec son impérieuse souveraineté. Il n'y a qu'à s'abandonner à cette séduction si précise et si particulière, pour en être tout empli et soudainement grisé. Qu'auraient-ils été chercher ailleurs qui, plus complètement que le décor de cette vie, les eût satisfaits ! Bon pour ceux-là dont les yeux épris de songe reposent sur de choquantes et répulsives réalités ! Il se comprend que leur esprit, détourné de la contemplation des spectacles du dehors, se replie tout sur lui-même, et soit conduit à se composer un univers intime, pour satisfaire des appétits contrariés : c'est alors la naissance du rêve et la déformation par lui des insuffisantes réalités ; mais ici en vérité quelle fonction tiendrait-il quand la vie se manifeste si belle, et comment songer à modifier un univers qui s'offre au regard paré de si resplendissantes couleurs ! Ne cherchons donc en leur œuvre ni symbole ni rêve, ces éléments déformateurs de la réalité. Contentons-nous d'y voir une transposition lumineuse des plus beaux spectacles de la vie. Aussi bien le mot *imagination*, quand il s'agit de ces maîtres, ne signifiera jamais fantaisie créatrice, comme chez tels visionnaires du nord, mais simplement pouvoir de se figurer avec une intensité plus vive, pour les transposer en œuvres d'art, les scènes colorées de la vie. C'est l'immuable différence entre les races du nord et celles du midi ; et le développement complet de l'école se trouve déjà en germe chez les maîtres d'origine.

Dans les compositions par panneaux assemblés s'accentue l'expression physionomique dont nous parlions plus haut. Il en est de précieux exemplaires à l'Académie de Venise : d'abord un *Couronnement de la Vierge*, d'un peintre inconnu du XIVe siècle. Le couronnement, qui occupe le panneau central, est à vrai dire ce qui nous intéresse le moins : c'est presque une reproduction intégrale, comme forme et comme attitudes, de celui de Catarino ; on y sent la roideur des premiers débuts. Mais combien en revanche nous attirent et nous retiennent, par la variété des groupements, par l'effort complexe et si remarquable pour l'époque de la composition, les panneaux adjacents qui se réfèrent à la vie de Jésus et à celle de saint François ! Naissance, baptême, repas avec les apôtres, épisodes du crucifiement et de la résurrection : autant de scènes où la foi naïve du maître inconnu appliqua sa ferveur émue.

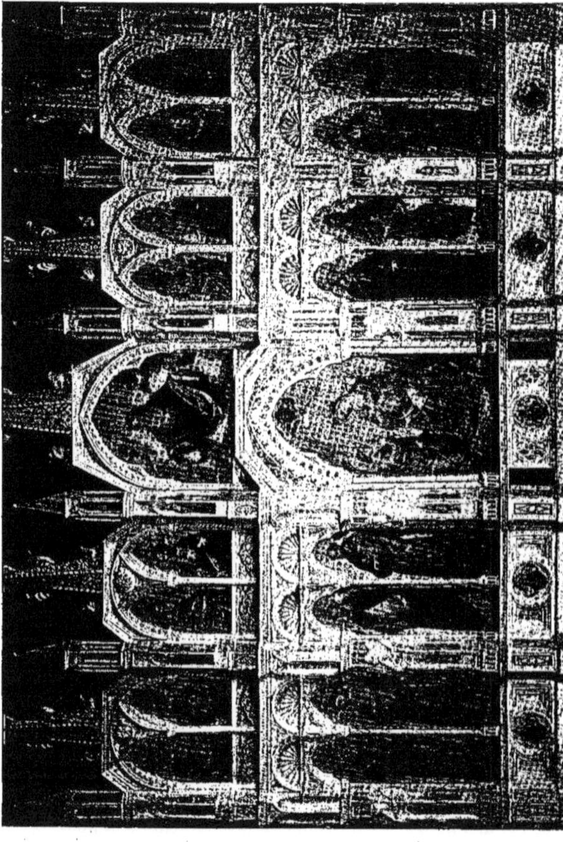

Lorenzo Veneziano. — L'Annonciation (Académie des Beaux-Arts. Venise.)

Quelques-unes font songer à Giotto, au Giotto de la Madona dell' Arena de Padoue, avec je ne sais quoi de plus poussé, de plus expressif ; ou peut-être bien est-ce que cette réunion d'un grand nombre de sujets ramassés en un si petit espace leur communique à la faveur du groupement une intensité que les peintures murales de Padoue sont impuissantes à atteindre. Le *Baptême de Jésus* offre d'étranges analogies, dans la disposition des personnages, avec celui de Giotto. Nul doute d'ailleurs que son illustre voisin l'ait influencé. Il faut aller plus loin encore et continuer la comparaison. Voici un petit panneau, de qualité tout exceptionnelle, qui reporte invinciblement notre esprit vers les cellules de ce couvent Saint-Marc à Florence, où le pur Angelico transcrivit une par une les légendes de son Dieu. Usant du procédé qui correspond à la marche même de l'esprit, le maître vénitien a réuni dans un même petit cadre deux épisodes consécutifs de la vie du Sauveur : la *Résurrection* et le *Noli me tangere*.

C'est ce dernier qui par-dessus tout dans mon souvenir se trouve lié aux fresques impressionnantes du couvent Saint-Marc. Et rien n'est doux comme de revivre ici, à quelques mois de distance, ces émotions délicates qui furent suscitées en nous par la révélation d'un art complètement inconnu. Rien n'est édifiant comme de suivre, en des œuvres conçues et exécutées à cette distance l'une de l'autre, une identique inspiration ! Voilà deux maîtres qui, à n'en pas douter, n'eurent aucun rapport : Angelico, on le sait, passa son existence entière dans le couvent qui l'avait accueilli, à l'illustration duquel il devait consacrer son génie. Voilà deux procédés de peinture aussi divergents, aussi opposés que possible ; et pourtant l'état d'âme, ou, si vous préférez, la puissance de vie intérieure qui soutenait les deux artistes, leur a dicté des gestes presque identiques. Bras tendus de la Madeleine à genoux devant le Sauveur, dans une attitude de repentante adoration ;

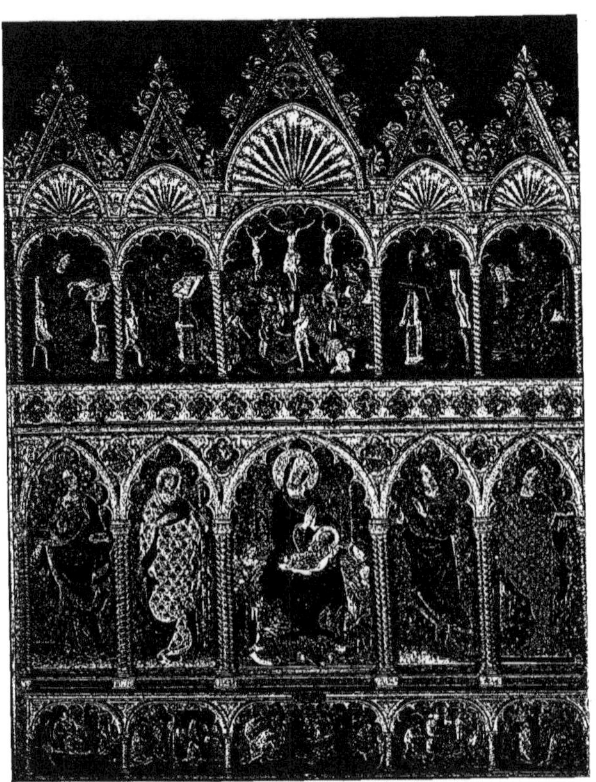

LAMBERTINI. — LA VIERGE ET L'ENFANT ENTOURÉS DE SAINTS
(Académie des Beaux-Arts. Venise.)

mouvement noble et touchant de Jésus, l'écartant du geste ; n'êtes-vous pas pareils au couvent de Florence, dans la cellule blanchie de chaux, qui demeure immuable après cinq siècles, oui, les mêmes assurément que sur ce panneau de bois exilé aujourd'hui en un milieu bruyant !

Édifiant et magnifique exemple, celui de ces maîtres à qui la tradition n'avait rien légué, et qui durent tout tirer d'eux-mêmes ! Dans la sincérité de leur foi, dans l'impérieux besoin d'exprimer au dehors ce qui tant émotionnait leur âme, ils trouvèrent la puissance d'invention qui maintenant nous déconcerte, comme ils surent se créer une forme expressive où condenser leurs rêves. N'offrissent-ils que cette prise unique à nos facultés d'observateurs analystes, ils vaudraient qu'on s'arrêtât pour interroger leur génie... Tel est en effet l'intérêt supérieur de l'œuvre d'art pour qui lui demande avant tout une manifestation de la vie : nous permettre de dégager, en dépit de la disparité ou de l'éloignement des écoles, une identique ferveur d'âme, une même tendance spirituelle, de nous représenter en un mot, par un effort d'imagination psychologique, ce qui fit la force intérieure et la raison suprême de vivre pour quelques âmes d'élite !

Encore celui-ci, le maître inconnu que nous quittons, doit-il être nettement rangé dans la catégorie des *Primitifs*. Mais en abordant le précieux et admirable panneau de Michaele di Matteo Lambertini : *la Vierge avec l'Enfant et des saints*, il nous faut nécessairement renoncer à cette dénomination trop brève et désormais insuffisante. Ici les figures présentent une telle pureté, les têtes offrent une telle noblesse, le corps des personnages se trouve drapé avec une telle variété, enfin les couleurs des étoffes deviennent si complexes et si riches, qu'il est indispensable de marquer un trait séparatif entre cette œuvre et celles qui la précèdent. Une des saintes représentées en ce panneau, la Madeleine à droite de la Vierge, est une des plus délicieuses et des plus attirantes entre toutes les têtes de femme que l'art des premiers âges ait conçues et exécutées. Il semble bien qu'ici déjà le peintre se dégage du pur instinct qui jusqu'alors avait suffi, pour arriver à la conscience, pour atteindre à la conception d'un idéal de beauté qui s'*individualise* et lui appartient en propre. C'est à ce trait, nous le savons, que dans tout effort de la pensée humaine il nous faut reconnaître l'éveil de la conscience, au sens précis où nous entendons ce mot.

Premiers Vénitiens, dirons-nous donc désormais, et non plus Primitifs. Et comme l'instant est venu de nous expliquer sur la valeur du mot, la peinture de Michaele Lambertini nous en donne l'occasion. Réservons ce terme : Primitifs, pour les œuvres des premières origines, par où les écoles esquissèrent leurs premiers efforts : ce seront Cimabue et Giotto à Florence, Simone da Cusighe et Catarino à Venise, Jacobello del Fiore aussi : nous n'atteignons point avec eux, ceci est entendu, jusqu'à la conscience individuelle qui seule crée les œuvres individuelles. Chez de tels peintres, qui d'ailleurs eurent cet ineffable mérite de frayer à leurs successeurs la voie encore inexplorée du Beau, qui furent, dans toute la force du terme, les *Précurseurs* sans lesquels aucun développement ultérieur ne se fût accompli, les caractères sont manifestes, et non moins évidents les traits communs qui nous permettent de les grouper : cette roideur des attitudes, cette simplification du dessin, cette monotonie d'expression, cette uniformité de groupement, bref tout cet ensemble d'insuffisances dans les moyens, inhérentes à un art de début, qui d'ailleurs laissent intactes les qualités d'émotions grâce auxquelles ils ont su nous retenir. Mais gardons-nous de les confondre avec ceux qui, venant à la suite, marquent la transition nécessaire avec les formes les plus poussées de l'art : ce sont Angelico et Botticelli à Florence, Lambertini et Negroponte à Venise, joignons-y encore les Vivarini et toute l'école de

Murano. Nous citons simplement quelques noms, sans avoir la
pensée d'épuiser une liste. Mais n'est-ce point suffisant pour préciser l'idée? A mesure que nous avancerons, celle-ci prendra une
signification plus nette encore, et les tableaux des églises deviendront une confirmation nouvelle dans un ordre d'idées qui n'a
point encore été accepté.

CHAPITRE II

L'ART DANS LES ÉGLISES

CHAPITRE II

A Venise, comme à Florence, c'est aux églises qu'il faut aller pour emporter l'impression totale que peut donner l'art religieux : voilà un point qui a son intérêt et mérite qu'on s'y arrête.

Ici encore n'est-ce pas le lieu de reprendre ce que déjà nous avons dit à l'occasion de cette école florentine qui plus d'une fois nous fournira des exemples et nous permettra des rapprochements ? Dans l'ombre fraîche des chapelles, loin des touristes indiscrets qui par groupes assemblés développent leurs grossiers commentaires au milieu des salles de musée, les rendant inhabitables à partir d'une certaine heure, allons interroger ces maîtres du début, et prêtons l'oreille aux confidences qu'ils vont nous faire — car c'est ici qu'ils se révéleront pleinement à nous et nous parleront une langue intelligible. Ici seulement nous pourrons jouir de quelque silence, ou du moins n'entendrons-nous que les chuchotements du gardien, qui marmotte ses explications comme une vieille ses litanies, et qu'il est toujours possible de faire taire en lui glissant quelques sous.

Evidente, oui, trop évidente supériorité de ces chapelles silencieuses sur les salles des musées, quels qu'ils soient ! On n'y saurait assez insister, si paradoxal que cela paraisse tout d'abord. Et cela, non pas seulement pour le repos que l'on y trouve, pour le calme et le silence où baignent toutes choses autour de nous, mais encore parce que l'œuvre d'art s'y présente à nos yeux dans le cadre et à la place même pour lesquels elle fut exécutée. Notre esprit se représente avec complaisance tous les traits accessoires à la composition de l'œuvre : comment elle fut peinte par le maître et placée ici par lui-même... et l'intérêt puissant qui s'attache aux vieilles choses demeurées intactes à travers la fuite des années prend je ne sais quel grossissement singulier, dû sans nul doute au caractère du lieu et aux raisons historiques qui s'y ajoutent. La voilà bien la vraie raison, la raison profonde et décisive pourquoi ces églises italiennes exercent sur nos yeux d'artistes un inégalable attrait. Toujours, par quelque considération d'ordre et de classement, par son principe même, artificiel, le musée nous agrée moins, avec son entassement inévitable d'œuvres disparates. Toujours il y aura en lui quelque chose qui offensera des yeux délicats, peut-être trop exigeants, mais infiniment sensibles. Dans les églises et les chapelles, nous goûtons la vraie volupté du Beau, cette volupté égoïste mais si prenante, qui ne souffre pas de dérangement et n'admet pas de partage. Elles sont si peu visitées par l'étranger, sauf quelques-unes plus particulièrement célèbres, si tranquilles et solitaires en ce pays où toute l'activité du touriste se dépense fiévreusement autour de la place Saint-Marc, ignorant les coins les plus rares de cette mystérieuse cité, de cette ville à jamais riche d'inconnu.

Toujours, pour ma part, j'ai regretté de n'y point rencontrer l'analogue ou du moins quelque chose approchant de ce couvent Saint-Marc qui me fut si doux à Florence. Dans la cité des doges, l'opposition eût été plus saisissante encore. La somptuosité de la vie du dehors, toute cette existence élégante et décorative que les conteurs du temps nous décrivent et que notre imagination peut recréer, eussent fourni le plus excitant des contrastes : — « Pour

Lawrenc Édit.   Imp. Lemercier

Fra Ant. da Negroponte — La Vierge et l'Enfant.
(EGL. SAN FRANCESCO DELLA VIGNA)

ce qui est des appartements, écrivait un chroniqueur du XVe siècle[1], des meubles et des richesses extraordinaires des maisons, impossible de s'en faire une idée et de les décrire complètement. Si nos ancêtres étaient économes, ils se montraient magnifiques quand il s'agissait d'orner leurs demeures. Ce sont d'immenses constructions avec les fonds des chambres et des autres pièces couverts d'or et de peintures et historiées avec des sujets et des dessins superbes. » — Sur la rive la plus molle de cette molle cité toute baignée de lumière, non loin d'un de ces beaux palais du XVe siècle où la magnificence des costumes ajoutait encore aux complexes richesses des architectures, les fenêtres grillées d'un couvent n'eussent point été d'un médiocre effet. Souvent je fais ce rêve qu'il est là, tout près de cette délicieuse *Maison d'or* aux arabesques composites et fouillées ainsi qu'une dentelle de pierres, perpétuel enchantement des yeux et qui nous est comme une invitation au plaisir ! Il m'apparaît alors tel qu'un rappel à la vie intérieure, un avertissement salutaire, une de ces admonitions bienfaisantes dont parle le rite des églises, si nécessaires en une ville où le seul fait de vivre et d'ouvrir les yeux sur les choses est une volupté. Je vois aussi bien, sur les murs blanchis à la chaux des cellules, tels qu'Angelico les peignit à son couvent Saint-Marc, quelques touchants épisodes de la vie du divin Maître, en face desquels auraient vécu des générations d'âmes pieuses, modelant leur existence sur ces exemples et se soumettant à ces enseignements !

Mais voilà, ce n'est qu'un pur rêve. Il n'y a point de couvent à Venise ; ou du moins, s'il en fut, nul ne put donner, à aucune époque, même aux temps où la civilisation naissante sortait des ombres du moyen age, l'impression de retraite pieuse que toute âme réfléchie goûtera nécessairement aux cellules du couvent

[1] Sansovino, liv. X.

Saint-Marc. L'atmosphère de volupté, qui fut celle de cette impériale courtisane, pénétra jusque dans les monastères, et nous avons à ce sujet des traits authentiques, qui ne permettent aucun doute sur le caractère de ces maisons. — « Les religieuses sont en grand nombre à Venise, lit-on dans un manuscrit du xviie siècle ; pleines de licence, d'humeur indisciplinable, et religieuses par contrainte, elles disent publiquement que, puisqu'on les a forcées d'entrer en religion, elles feront le pis qu'elles pourront. Et lorsqu'il y a eu des prélats qui ont voulu les réformer, elles les ont chassés de vive force, et avec l'aide de leurs illustres parents, ont tout rétabli : de là vient qu'elles vivent sans piété ni dévotion. Quelques-unes s'habillent d'une manière excessivement libre, se frisent les cheveux, se décolletent, presque comme nos mondaines, et beaucoup d'entre elles ont leurs amoureux qui viennent les visiter souvent et faire la causette avec elles, échangeant sans cesse des présents... Pendant le carnaval, il y en a qui se déguisent, et leurs amants viennent les chercher en gondole. Elles vont à pied par toute la ville et dans les festins, et rentrent quand bon leur semble [1]. »

C'est là, on le voit, un tableau tout à fait significatif et fait plutôt pour inspirer la verve licencieuse d'un Casanova que pour nous inviter à rechercher des exemplaires d'art religieux ! On objectera peut-être que la relation est du xviie siècle, et proche du temps de la décadence vénitienne. Il n'est, à vrai dire, époque qui tienne, et les documents les plus authentiques établissent qu'au xive siècle déjà la licence était grande dans les couvents, puisqu'un arrêté du 29 juin 1349 est pris *contra illos qui committunt fornicationes in monasteriis*. Donc c'est aux églises qu'il convient de s'arrêter ici, si l'on veut prendre un aperçu complet de l'art reli-

---

[1] *Relatione del stato, costumi, desordini de Venezia.*

gieux des premiers âges. Elles sont nombreuses, et presque dans

ANT. DA MURANO. — LA VIERGE ET L'ENFANT (Église San-Zaccaria. Venise.)

chacune il est une œuvre qui sollicite et retient l'attention. Pour l'instant nous nous tiendrons aux deux qui nous présentent les œuvres les plus significatives de cette période : l'église San-Zaccaria et l'église San-Francesco della Vigna. Elles viennent à merveille compléter cette première impression que donne la salle des Primitifs à l'Académie.

A la Capella d'Oro de l'église San-Zaccaria, la madone offre le caractère de douceur et de pureté par où se distinguent les têtes de femmes dans le précieux panneau de Lambertini étudié à l'Académie. C'est ce même ovale du front, cette même délicatesse du nez parfaitement droit, cette identique finesse de la bouche, et ce cou élevé qui fait la noblesse de la tête. Elle incline cette tête, et d'un mouvement câlin l'appuie sur le front de l'enfant, tandis que son regard présente je ne sais quelle grâce malicieuse et rêveuse. Le bambino repose sur le bras de la mère, tendant de la main gauche une fleur qu'il lui fait sentir. Dans aucune peinture antérieure, la grâce de la maternité n'avait été rendue avec une accentuation si précise, et le caractère de l'expression physionomique que nous avions vu se dégageant peu à peu sous le pinceau des premiers maîtres atteint ici jusqu'à nous toucher de son charme naïf. Tout autour il est des panneaux qui complètent l'ensemble ; mais si beau nous apparaît le sujet central, si complet et se suffisant à lui-même, qu'il absorbe notre attention et nous empêche de la reporter sur les scènes accessoires.

Il entre plus de piété, plus d'onction religieuse et touchante dans la Madone de Fra Antonio da Negroponte, perle inégalable de l'église San-Francesco della Vigna. La Vierge de la Capella d'Oro n'était qu'une mère attendrie sur son fils. Celle de Negroponte est une mère priant pour son enfant. Assise sur un trône d'inconcevable richesse, elle tient les mains jointes au-dessus du petit corps étendu sur ses genoux. J'ai parlé de richesse... et rien n'égale en effet la magnificence de cette robe aux plis nombreux qui retombent sur la marche du trône. Rien ne peut donner une idée de l'éclat

sombre de ces ors, qui dans la pénombre de cette chapelle pleine
de mystère brillent avec une intensité singulière. Tout autour du
trône, au-dessus de la tête de la Vierge, la nature chante son
hymne à l'Enfant Dieu, avec ses floraisons épaisses qui ferment la
perspective et complètent l'impression de richesse se dégageant
de la somptuosité du décor et de l'éclat du vêtement.

CHAPITRE III

L'INFLUENCE ÉTRANGÈRE

CHAPITRE III

L'INFLUENCE ÉTRANGÈRE

Il vient une heure dans le développement des écoles où se manifeste presque nécessairement l'apport des influences étrangères. Les éléments sensibles et intellectuels de la race qui donnèrent l'essor au génie des premiers maîtres se compliquent d'altérations qui leur sont quelquefois tout opposées. On ne les retrouve plus, tels qu'ils étaient à l'origine, purs et intacts, nous rendant comme le parfum de l'âme qu'ils exprimaient. Quelque chose s'y surajoute que l'on n'avait point encore aperçu. Seulement il arrive d'habitude que cette pénétration se produit assez tard dans l'évolution des écoles, lorsque, s'étant tout à fait dégagées de leurs origines, elles ont atteint à la pleine conscience. Il y a là un processus psychologique que l'on peut aisément recréer : c'est en effet lorsque les facultés de comparaison et de raisonnement ont atteint chez les maîtres individuels un certain point de développement, c'est alors seulement pour l'ordinaire que les influences étrangères peuvent s'exercer avec efficacité : l'instinct seul de l'artiste n'y suffirait pas.

À Venise il ne paraît pas qu'il en ait été rigoureusement ainsi. La réaction de l'influence étrangère se produit d'assez bonne heure : nous allons en effet la constater dès le milieu du xve siècle, chose qui ne nous surprendra pas et devra même nous sembler assez naturelle, si nous songeons à la situation tout exception-

nelle que créait à cette cité son importance sociale. Placée comme
elle est à l'entrée de l'Adriatique, et servant d'intermédiaire, aux
temps de sa grandeur, entre les cités commerçantes d'Allemagne

CARLO CRIVELLI. — DEUX SAINTS (Académie des Beaux-Arts. Venise.)

et les Echelles du Levant, elle était, plus qu'aucune autre, prédestinée à subir le contact des races voisines. Songeons à la fascination qu'elle devait exercer, non plus seulement par sa rayonnante
beauté extérieure, par cette sorte de fièvre qu'elle communique à
l'âme et qui devait être si active sur les hommes du nord, sortant à

peine des obscures ténèbres du moyen âge. Songeons à Dürer, au
grave Dürer arrivant à Venise, puis écrivant après son voyage :
« Ici je suis devenu gentilhomme. » A cette époque évidemment —

CARLO CRIVELLI. — DEUX SAINTS (Académie des Beaux-Arts. Venise.)

entendez le xvᵉ siècle — je la vois comme le point de mire de quiconque pouvait quitter la terre natale. C'est là sans doute un point
de vue dont aujourd'hui nous ne nous rendons plus un compte
exact. Déchue de son antique splendeur, et tout ensevelie dans
le glorieux souvenir d'un passé qui fut sans analogue, nous avons

5

quelque peine à nous la représenter telle qu'elle était voici quatre siècles. *Reine de l'Adriatique*, disait-on pour marquer sa toute-puissance, et l'on connaît cette orgueilleuse peinture de Tiepolo, en une salle du Palais Ducal, où la cité, symbolisée par une altière patricienne, reçoit les richesses de la mer que viennent déposer à ses pieds des vieillards humblement soumis. Reine de l'Adriatique : ce titre orgueilleux ne répondait pas seulement à sa souveraineté locale. C'était encore comme une affirmation de son influence internationale, du rôle prépondérant que sa situation géographique et son importance commerciale l'appelaient à tenir. Elle dut être, à un certain moment, sans doute aux environs de l'an 1500, la véritable Babel où s'opérait la confusion des langues, quelque chose comme un vaste marché international où se mélangèrent toutes les races, où se parlèrent tous les idiomes. De nombreux et authentiques témoignages ne laissent subsister aucun doute sur ce point : « Au fond de l'existence vénitienne, dit l'écrivain de la *Vie privée à Venise*[1], se dressent ces figures d'hommes et de femmes sans patrie, jetés au milieu des lagunes, on ne sait par quel singulier hasard. Dès les temps les plus reculés, des lois aussi sévères qu'impuissantes punissaient de mort les marchands vénitiens qui exerçaient le commerce infâme de la chair humaine... Il arrivait des cargaisons d'esclaves à Venise, et on les vendait aux enchères à Saint-Georges et au Rialto. C'étaient la plupart des Tartares, des Russes, des Sarrasins, des Mingréliens, des Bosniens, des Grecs. Les Circassiennes, les Géorgiennes et les femmes des contrées voisines, jeunes filles de douze, quatorze et seize ans déclarées « saines et intègres de leurs membres occultes et manifestes », étaient vendues au XIVe siècle quarante, cinquante et soixante ducats d'or, prix très élevé si l'on tient compte du temps.

[1] Molmenti. *La vie privée à Venise.*

CARLO CRIVELLI. — DEUX SAINTS (Académie des Beaux-Arts. Venise.)

De 1393 à 1491, les archives des notaires vénitiens enregistrent cent cinquante ventes d'esclaves des deux sexes, depuis l'âge le plus tendre jusqu'à trente-sept ans. L'esclave vendue, en vertu du contrat devenait la propriété de l'acheteur : il pouvait en faire ce qu'il voulait, disposer de son âme et de son corps comme de sa propre chose. »

C'est là un tableau curieux de la Venise du xve siècle dans ses rapports avec les races du midi, bien fait pour nous édifier sur cette décadence des mœurs qui se manifeste dès la fin du xve siècle. Point de vue tout spécial sur lequel nous n'avions à insister que pour mieux marquer l'exacte physionomie de ce vaste marché international. C'est seulement dans ses rapports avec les races du nord que nous devons envisager la reine de l'Adriatique. Ici, par un contraste tout à fait curieux et saisissant, c'est le style des maîtres allemands qui semble avoir le plus efficacement réagi sur l'évolution de l'art. Voici un peintre, Carlo Crivelli, dont la production s'étendit de 1463 à 1495. Regardez de lui ce petit panneau de *Quatre Saints*, qui se trouve à l'Académie de Venise : celui qui montre avec tristesse sa jambe dévêtue et meurtrie ; le *saint Sébastien* percé de flèches qui lève son regard douloureux vers le ciel ; l'évêque tenant sa crosse, et le religieux en prière, les mains jointes et serrant contre lui son bâton de frère mendiant. Vous verrez dans l'expression de ces quatre physionomies, si parfaitement sœurs, et procédant d'une même inspiration, je ne sais quoi de douloureux et de tendu, la naissance d'une vie intérieure et méditative, qui marquent au plus haut degré l'apparition d'un idéal nouveau. Combien ce sont là traits opposés au pur génie de la race : est-il besoin d'y insister encore, et tout ce que nous savons d'elle par la connaissance du milieu où elle grandit ne suffit-il pas amplement à nous édifier ! Encore n'est-ce point assez de parler du jeu des visages. Il convient encore de référer aux attitudes, à

Crivelli — Couronnement de la Vierge
(PINACOTHÈQUE DE MILAN)

la disposition du costume, à la ligne du corps, jusqu'à ces plus minuscules détails du dessin, la structure des pieds et des mains, par où se précise le style propre des écoles, et qu'un œil exercé ne saurait omettre. Tout près de là deux autres panneaux de ce même Crivelli, l'un *saint Pierre et saint Paul*, l'autre *saint Augus-*

Marco Basaïti. — Le Christ mort (Académie des Beaux-Arts. Venise.)

tin et saint Jérôme, ces deux derniers surtout, reportent invinciblement la pensée vers le style des maîtres allemands dont ils apparaissent tout imprégnés [1].

Cette influence étrangère que nous constatons aujourd'hui pour la première fois, nous devrons à maintes reprises encore en noter les résultats dans l'évolution progressive des maîtres vénitiens. Si opposée qu'elle semble tout d'abord, pour ne pas dire antipathique au tempérament de la race, elle n'en vint pas moins se fondre avec lui chez certains artistes, pour aboutir à un accord harmonieux et bienfaisant. Car ce n'est point seulement à notre

[1] Voir aussi, dans cet ordre d'idées, le magnifique tableau qui est au musée de Brera, à Milan, et dont nous donnons la reproduction hors texte.

époque de production critique, où les influences les plus diverses et souvent les plus mal assimilées viennent inquiéter l'imagination créatrice, ce n'est point seulement alors que se manifeste la réaction d'une âme sur d'autres âmes qui lui semblent toutes contraires. En des âges de production plus saine et plus vivace, plus spontanée aussi, toute spontanée faut-il dire, il nous plaît de marquer ce trait essentiel. Peut-être que sans cette influence certaines œuvres du plus fécond des artistes que nous aurons à étudier, Giovanni Bellini, ne se fussent pas produites au jour. Tout ce que nous verrons en lui de grave et de douloureux, d'intime et de poignant, n'allez pas l'attribuer au génie de sa race, mais bien plutôt, comme il nous sera facile de l'établir à son heure, à la réaction salutaire, en cette âme méditative et cultivée, des styles étrangers qu'il étudia pour s'en pénétrer. Un tel apport des génies voisins devait compenser en lui ce que le tempérament du Vénitien pouvait offrir de trop purement extérieur et d'insuffisamment réfléchi. L'exemple de Bellini nous sera plus tard un enseignement décisif. Mais n'était-il pas curieux déjà de constater ce trait capital chez un peintre de second plan comme Carlo Crivelli, dont la production fut relativement courte, puisqu'elle n'embrassa qu'une période de trente années, et qui n'eût en tout cas ni le même prestige, ni la même influence?

Si l'on veut avoir une notion précise du pur génie vénitien d'alors, du tempérament propre de la race, isolé de toute influence, rien ne saurait être plus édifiant que de jeter les yeux sur l'œuvre d'un peintre tout voisin de Carlo Crivelli, par l'époque de son développement. Voici, de Marco Basaïti, un petit panneau tout en largeur, portant ce titre : *Gesu morto*. On ne saurait imaginer plus de fraîcheur, plus de calme, moins d'émotion surtout, moins de vie intérieure et d'expression forte. Délicieux corps d'adolescent que la douleur n'a pas contracté, le Christ de Basaïti étend ses membres

MARCO BASAÏTI. — LE CHRIST A GETHSÉMANI (Académie des Beaux-Arts. Venise.)

fins, délicats autant que ceux d'aucunes femmes. Et ses traits, pareillement fins et reposés, ne laissent pas deviner la moindre contraction de souffrance. Deux petits anges à genoux jouent avec sa chevelure et ses pieds, figures potelées qui complètent l'impression de douceur se dégageant de l'ensemble. Quelle autre âme qu'une âme de pur Vénitien pouvait se composer de la mort une image aussi douce, aussi reposée, aussi parfaitement exempte de ce que nous y voyons pour l'ordinaire de douloureux et d'impressionnant ! Ici évidemment, comme dans la grande peinture voisine, la *Prière sur la montagne*, Marco Basaïti ne tendit à rien autre qu'à faire œuvre gracieuse et décorative, où s'affirment les éminentes qualités de couleur du tempérament vénitien, pures de tout alliage, mais aussi un peu exclusives et passablement étroites.

C'est cette même tendance, amplifiée seulement et poussée jusqu'à son maximum d'effet, que nous voyons reprise par un Véronèse dans la période d'éclat du xvie siècle. Car s'il y eut jamais, dans le glorieux développement de la peinture à cette époque, un véritable et pur Vénitien, ce ne fut certes ni Titien qui dut subir lui aussi le contact des influences étrangères, ni Tintoret, qui tendit l'effort de ses personnages jusqu'aux gesticulations les plus dramatiques, et dans ses fresques brossées à la hâte sut nous émouvoir aux dépens même des qualités de peinture ; mais bien plutôt celui dont l'ambition, à quelque sujet qu'elle s'appliquât, ne tendit jamais à rien d'autre qu'à développer sous nos yeux de belles formes et de chatoyantes couleurs. Par là vraiment ce Véronèse demeure pour nous le plus parfait exemplaire du pur génie vénitien, nullement touché, nullement entamé par les influences ; et, comme à toute manifestation d'art très exceptionnelle et très tranchée, il convient de lui assigner un rang à part. Encore ne nous apparaît-il à cet égard qu'un *continuateur*, puisqu'il eut des ancêtres, et ce Marco Basaïti fut le premier de tous. N'est-ce pas le lieu de répéter encore ce que nous disions plus

haut, nous appliquant à traduire la prise voluptueuse de cette beauté tout extérieure qui fut l'essence même d'un tel art, et par

6 .

où toute âme artiste est aussitôt séduite : — Tout entiers et si complètement sont absorbés les sens, que l'âme n'imagine rien au delà ! La magnificence de cette vie décorative ne laisse subsister aucun autre besoin.

J'ai noté cette *Prière sur la montagne* de Marco Basaïti. On ne saurait omettre, peint par ce même Basaïti, le tableau des *Fils de Zébédée*, composition tout aussi froide au point de vue expressif, mais où les qualités de couleur prennent une importance décisive et où le *paysage* fait son apparition dans un décor d'exceptionnelle étendue : trait d'autant plus notable qu'il est plus rare en cette école ! N'en faut-il pas chercher la raison dans ce fait que leur ville fut tout pour eux et que les spectacles qu'elle offrait à leurs regards suffisaient amplement à satisfaire leurs exigences. Encore, lorsque le paysage apparaît, comme dans la peinture de Marco Basaïti, le voyons-nous ordonné et composé, avec des tours et des châteaux forts et, dans le fond des perspectives, ces arrière-plans de montagnes toutes vêtues de neige, que l'on découvre de quelque île voisine de Venise et qui prennent, sous la caresse des dernières lueurs du jour, ces tons irisés et changeants de la nacre, si voluptueux et si doux au regard !

CHAPITRE IV

LES VIVARINI ET L'ÉCOLE DE MURANO

CHAPITRE IV

LES VIVARINI ET L'ÉCOLE DE MURANO

En face de Venise, sur la lagune, et non loin de cette Torcello
où nous vîmes se dégager les premières origines de l'art vénitien,
se trouve une petite île, l'île de Murano, qui fut le berceau de toute
une école de peintres, dont les plus fameux s'appelèrent les Vivarini : Antonio, Bartolomeo, Alvise Vivarini, trois noms qu'il faut
toujours tenir rapprochés, ainsi que leur talent et leur œuvre.

Ile charmante autrefois, cette Murano, où nous ne voyons plus
maintenant que pâles vestiges d'une antique splendeur : toujours
belle cependant par sa situation d'avant-garde sur la lagune, d'où
l'on découvre, mieux que de partout ailleurs, la magnifique chaîne
des montagnes s'enflammant au déclin du jour ! Glorieuse aussi,
non point seulement pour nous avoir légué toute une école de
peintres qui préparèrent le riche épanouissement du XVIe siècle et
contribuèrent par des œuvres durables à la splendeur de la patrie,
elle tint son rôle dans cette renaissance littéraire de la fin du
XVe siècle, et c'est encore tout embaumée d'hellénisme qu'elle
nous apparaît aujourd'hui. Sous les frais ombrages de ses jardins
fameux alors, se réunissait en manière d'Académie, tout imprégnée
de cette culture nouvelle qui parlait à leur âme, une société
d'esprits délicats où nous trouvons les noms de Francesco Sansovino, Navagero, Sperone Speroni, Bembo, Jacopo Zane, l'Arétin et
Bernardo Tasso. « Véritable paradis terrestre, dit un auteur du

xv° siècle, pour la douceur de l'air et la beauté du site, séjour des nymphes et des demi-dieux ». Tous ordres de sensations rares et fines s'y trouvaient cultivés en cette belle époque de la fin du xv° siècle, car une lettre de Bembo, parlant de cette académie, nous rapporte que « Navagero n'excellait pas moins à y cultiver les études littéraires que ses amis. Je me réjouis, continue l'auteur, qu'il ait passé l'été dans ses jardins de Murano, car je ne doute pas qu'il ait retiré un fruit durable de si agréables loisirs. J'apprends même que pour le récréer et l'abriter du soleil, beaucoup de cèdres ont apporté du Benacus (lac de Garde) leur riant ombrage ».

Hélas! je vis bien qu'à Murano il n'est plus ni cèdres ni riants ombrages. Ce sont là souvenirs d'un passé lointain, mais qui nous touche encore, pour ce qu'il évoque en notre âme d'images nobles et gracieuses. Et les plus pures de nos jouissances, à nous tous qui vivons surtout dans le songe du passé, sont ainsi faites de l'attrait charmant qu'une imagination complaisante prête au décor des civilisations disparues. N'est-ce pas là la séduction suprême de cette Venise si belle, si attirante et prenante? Et si nous n'avions, pour nous y retenir, que les spectacles de nature, tant beaux soient-ils pourtant, que la ville nous offre, encore ne serait-ce point assez sans doute pour qu'elle exerçât sa fascination complète! Les œuvres d'art elles-mêmes, si précieuses et si riches, ne nous sont d'un tel attrait que pour l'image, qu'elles tiennent constamment sous nos yeux, d'une civilisation et d'un milieu qu'elles nous permettent, mieux que tout, de faire revivre. Pour cette œuvre de restitution, à laquelle vont collaborer tous les maîtres du temps, les trois Vivarini, Antonio, Bartolomeo, Alvise, marquent l'apport propre de cette île de Murano.

Du premier, Antonio Vivarini, l'Académie de Venise nous montre deux peintures infiniment curieuses. C'est d'abord un

Antonio Vivarini — La Vierge entourée de Saints

(ACADÉMIE DES BEAUX-ARTS)

Paradis, tout à fait intéressant par le nombre et le groupement des personnages. Bienheureux, aux têtes cerclées d'or, d'expression monotone encore, et trop ramassés les uns contre les autres, mais qui dénotent un effort de composition et d'arrangement vraiment exceptionnel pour l'époque !

Je n'hésite pas à lui préférer pour ma part le grand panneau détaché d'une église que l'on a placé dans la salle de la *Présentation de la Vierge*, où se trouve la peinture célèbre de Titien rapportée au lieu exact pour lequel elle fut composée. C'est une *Madone avec l'Enfant*, entourée d'anges et de Pères de l'Église. Ce qu'il faut chercher dans cette œuvre, ce n'est pas, non plus que dans le *Paradis*, la valeur de l'expression physionomique. A cet égard, combien distante elle nous apparaît des délicieuses Vierges de la Capella d'Oro de San-Zaccaria, et de l'église San-Francesco della Vigna ! J'allais dire : combien inférieures, bien qu'elle soit d'une époque plus rapprochée de nous ! Mais ce ne sont pas les mêmes qualités qui se développent nécessairement et simultanément chez les maîtres d'une même école, si unis qu'ils nous semblent entre eux par les tendances essentielles de la race. Il peut arriver — et nous en verrons plus d'un exemple — que certains traits de leur talent qui apparurent éminents dès le début, disparaissent durant tout une période de leur évolution, pour ne se manifester à nouveau que plus tard et sous l'influence de causes qui nous avaient échappé. N'est-ce pas en ce sens qu'on a pu dire avec la plus rigoureuse exactitude que l'art se développait suivant des lois aussi précises que la vie elle-même ? Seulement nous n'en percevons qu'une faible part, et les plus essentielles parfois se réfèrent à ce domaine de l'inconscient aussi obscur pour nous qu'il est important dans la réalité des choses.

Cette *mère* d'Antonio Vivarini ne s'est pas encore élevée jusqu'à la vie, bien qu'elle approche du véritable sentiment de la maternité. Aucun lien ne la rattache au petit être qu'elle tient debout sur ses genoux. C'est une grande figure hiératique, impassible, aux traits immobiles et comme figés, qui semble se ressentir du voisinage de la grande Vierge de Torcello. Il en faut dire autant des petits anges qui supportent le dais au-dessus de sa tête. Et les Pères de l'Église eux-mêmes, en dépit de leurs nobles attitudes, ont cette ordonnance monotone que nous observions dans le *Paradis* : grandes figures pareillement hiératiques, répondant au besoin de symétrie et d'architecture qui s'imposait à la conception de ces maîtres ! Mais l'éclat des couleurs, la disposition des ors et la richesse de l'ensemble, prêtent à cette composition une importance qui justifie la place d'honneur où elle se trouve admise. Par là vraiment nous voyons en Vivarini le précurseur d'une école qui fut avant tout coloriste : et c'est bien le vrai, le pur tempérament de la race qu'il faut chercher dans une œuvre aussi caractéristique que celle-ci !

Antonio Vivarini. — L'Archange Gabriel.
(Académie des Beaux-Arts. Venise.)

Le musée de Berlin possède une merveille de cet Antonio Vivarini, l'une des rares peintures
de ces premiers maîtres qui
soient sorties de la patrie vénitienne pour aller faire l'orgueil
des collections étrangères.
C'est une *Adoration des Mages*,
composition de la plus précieuse qualité, et qui nous
semble affirmer, par-dessus
tout autre, le caractère *décoratif* de ce beau peintre. Sur le
devant de l'étable, où se trouve
encadrée la tête du bœuf et de
l'âne, la Vierge est assise,
tenant sur ses genoux le bambino, qui tend son pied à baiser
au vieux Roi-Mage prosterné à
genoux. Derrière lui, toute la
foule des servants tenant les
offrandes, parés de manteaux
somptueux, portant des bijoux
et des bannières, arrivent en
masses pressées par les che-
mins figurés à l'arrière-plan du
tableau et qui vont se perdre
dans la montagne, tandis que
sur la gauche une ville du
moyen âge développe ses tours

Antonio Vivarini. — L'Annonciation
(Académie des Beaux-Arts. Venise.)

crénelées. OEuvre de complexité décorative, qui de manière irrésistible évoque à notre pensée le souvenir des Florentins :

7

Benozzo Gozzoli, tel que nous l'aimons et l'admirons dans ses fresques du Palais Ricardi, mais plus encore peut-être le gracieux Gentile da Fabriano, qui nous montre en une salle de l'Académie de Florence une *Adoration* vraiment sœur jumelle de celle-ci. Plus poussées seulement dans le sens de la vie intérieure et de l'expression physionomique, les œuvres de ces deux maîtres ne dépassent pas celle du peintre de Murano pour la richesse du décor et la beauté de l'ordonnance. Chose curieuse assurément et qui fixera l'attention des moins avertis, cette efflorescence d'une beauté élégante et noble qui, par toute l'Italie, en ce milieu du xv⁰ siècle, suscitait un même art, répondant aux mêmes besoins, sur la lagune vénitienne comme sous le beau ciel de Florence !

Chez un tel peintre, c'est donc l'élément *décoratif* qui prédomine et s'impose à nous, par la disposition des architectures, par l'ordonnance harmonieuse des lignes, par ce rythme de l'ensemble, qui en font à plusieurs titres un précurseur. Ce sens décoratif, n'oublions pas en effet quelle place il va tenir dans l'évolution de l'école, chez un Carpaccio par exemple. Nul doute que ce maître, chez lequel nous verrons plus tard la souveraine affirmation de l'instinct décoratif, ait été chercher des enseignements dans l'œuvre d'Antonio Vivarini. Il se rattache à lui, non pas seulement par les préoccupations de couleur qu'il porta au plus haut point, mais encore par la construction du décor dans lequel il enferma ses scènes vivantes, et cette reconstitution de la vie vénitienne du xv⁰ siècle où nous le voyons exceller.

J'ai parlé d'élément décoratif, et je veux préciser. Déjà, dans la grande composition de la *Madone avec l'Enfant*, la disposition des architectures tient un rang exceptionnel. On sent, à la régularité des lignes, à la réponse des personnages, au groupement même des arbres qui forment l'arrière-plan du tableau, que ce fut

Bart. Vivarini. — Saint Marc entouré de Saints (Église des Frari. Venise.)

la préoccupation dominante du maître. Mais voici encore deux autres panneaux bien plus significatifs : on les voit à l'Académie de Venise, et sans nul doute ils furent détachés du même tryptique dont ils formaient les parties adjacentes. C'est à droite l'*Annunziata*, figurée sous les traits de la Vierge à genoux, croisant les bras, et à gauche l'*Archange Gabriel*, également à genoux, tendant la main droite dont trois doigts sont ouverts, tandis qu'il présente de la gauche la longue tige d'un lys fleuri appuyé sur son genou. Les deux panneaux se répondent de saisissante manière, non pas seulement par l'harmonie des couleurs, qui sont de même intensité, de même vigueur, ou mieux de même *valeur*, prenant ce terme dans l'acception précise où l'entendent les peintres ; mais encore la découpure du paysage qui forme le fond de chacun d'eux et découvre un ciel verdâtre, la décoration architecturale aussi bien, se font réponse et marquent décidément la tendance ordonnatrice et décorative qui pour la première fois apparaît chez ce précurseur de Carpaccio.

Je ne sais quel souvenir des maîtres florentins me vient à la pensée devant cet archange Gabriel, à l'étude duquel le peintre de Murano appliqua son talent si harmonieux et si pondéré : impression vague et flottante, que l'on sent plus aisément qu'on ne l'explique, faut-il l'attribuer à la savante et subtile complexité des plus menus détails du vêtement, comme par exemple ces ornementations du bandeau flottant qui couvre la poitrine de l'archange et se développe en cercle derrière lui ? Ne devons-nous pas plutôt en chercher la cause dans le caractère *symbolique* de l'œuvre, si rare, nous l'avons noté, parmi les œuvres du génie vénitien ? Toujours est-il que je ne puis détacher ma pensée, en le regardant attentivement, de certaine salle des Offices de Florence, où tels Botticelli inoubliables nous présentèrent des arabesques et des décorations de même caractère.

Assez pauvre, ne craignons pas de le dire, chez Antonio Viva-

BART. VIVARINI. — LA VIERGE ENTOURÉE DE SAINTS (Académie des Beaux-Arts. Venise.)

rini, et presque négligeable pour céder le pas à l'idéal décoratif et au sens de la couleur, l'expression physionomique prend une

intensité nouvelle et singulière chez Bartolomeo Vivarini, intensité
que ne suffirait pas seul à justifier le faible écart de dates qui les
sépare. Ce n'est pas là qu'il en faut chercher la raison, mais bien
plutôt dans le tempérament propre de ces peintres. Le premier,
nous l'avons dit, était tout porté vers l'ordonnance des lignes
architecturales, vers le balancement eurythmique des figures —
rappelons-nous la disposition fatigante en sa monotonie des Bienheureux dans le *Paradis*. C'est à l'expression individuelle des
visages que va tendre Bartolomeo Vivarini. Marquer ce trait,
n'est-ce point revenir à ce que nous avons noté ailleurs : l'apparition de cette conscience individuelle qui répond aux progrès de
la conception chez l'artiste? N'est-ce point en même temps tomber
d'accord avec une vue ingénieuse du critique anglais[1], qui écrit
ceci : — « Le troisième attribut de l'art le meilleur est qu'il vous
incline à songer à l'âme de la créature, et par conséquent à sa
physionomie plus qu'à son corps. » — Et cette fois encore il nous
faut reprendre ce que nous disions à l'occasion de Carlo Crivelli :
l'influence allemande est venue modeler ce talent et marquer de
son empreinte personnelle un maître qui sans elle se fût peut-être
développé dans le même sens que le précédent. Plus manifeste
encore, plus saisissante que chez Crivelli, elle éclate dans ce panneau de *Santa Barbara*, dans celui surtout de *Maria-Maddalena*,
où la sainte est représentée avec le front bombé des Primitifs
allemands, la paupière accentuée des Dürer et jusqu'à la coiffure
découvrant tout le front, pour redescendre en boucles sur le dos.
Jamais, au reste, jamais la beauté vénitienne n'a pu fournir un
pareil modèle à l'artiste : il est en tout contraire au type même de
la race; et lorsque plus tard nous aurons à l'analyser en ses
éléments essentiels, pour montrer jusqu'à quel point un Bellini

[1] Ruskin, à propos de Bellini.

s'en fit le merveilleux interprète, ce sont des traits justement
opposés qu'il conviendra de lui assigner...

Un très précieux panneau d'église, très fatigué malheureuse-

BART. VIVARINI. — LA VIERGE ET DEUX SAINTS (Église San-Giov.-in-Bragora. Venise.)

ment, et sur lequel les couleurs sont en partie effacées, nous
permet, tout auprès de la Madeleine, de suivre cette influence :
c'est une *Nativité* avec des apôtres et des saints. La disposition
de l'étable, l'attitude de Marie et de Joseph, le groupement des

animaux et l'arrière-plan du tableau, évoquent jusqu'à la hantise

Bart. Vivarini. — La Vierge accueillant les fidèles
(Église S. Maria Formosa. Venise.)

certains morceaux de l'école allemande. Enfin, parmi les figures accessoires, il est telle tête de saint que l'on retrouve exactement

ALVISE VIVARINI. — RÉSURRECTION (Église San-Giovanni in Bragora. Venise.)

pareille dans les compositions des églises, où cette influence étrangère est transparente.

Il ne faudrait pourtant pas s'en tenir là pour analyser le caractère de l'œuvre de Bartolomeo Vivarini, et l'influence étrangère est insuffisante à préciser l'apport de ce beau maître dans le développement de l'école primitive. Quittons un instant l'Académie pour les églises et dirigeons-nous vers cette chapelle de Santa-Maria Formosa dont le nom est si doux et résonne si musicalement à l'oreille. Voici, dans un coin obscur, une Vierge qui accueille les fidèles entre les plis de son manteau. Vous rappelez-vous ce thème déjà traité chez un tout premier primitif, Jacobello del Fiore, et comment nous avons vu en lui un des traits où s'accentue le caractère traditionnel et fixe de certains sujets ? Un maître donne la note essentielle, le *thème*, disions-nous, sur lequel se développeront les variations. Puis viennent à la suite les modulations accessoires que le génie des peintres de la race s'appliquera à diversifier. Ainsi va-t-il pour ce Bartolomeo Vivarini, reprenant et continuant l'œuvre de Jacobello del Fiore. La mère protectrice est devenue plus vivante : les plis du manteau s'écartent avec plus de souplesse. Ses regards tombent sur les fidèles agenouillés, plus accueillants, plus favorables. Il n'est pas jusqu'à ceux-ci mêmes qui ne vivent d'une vie plus intense : leurs traits s'individualisent, leur expression s'accentue ; le groupement est plus varié. Enfin la richesse des tons complète une impression déjà vive. Dans les églises, nous ne le voyons pas seulement continuateur de la tradition, mais créateur aussi. C'est ainsi qu'aux Frari, dans le beau panneau qui représente saint Marc avec d'autres saints, il nous est donné de voir traité le thème qui deviendra fameux des *Anges musiciens* assis au bas du trône.

J'ai dit que les trois noms des Vivarini devaient toujours être rapprochés et unis. Et pourtant que de différences les séparent! Voici le troisième : Alvise Vivarini, qui vécut de 1464 à 1503. L'expression des visages n'offre que peu de traits communs avec celle des deux précédents. Je lis en elle je ne sais quoi d'apprêté, de convenu, d'artificiel, si l'on peut dire, que je n'arrive pas à m'expliquer. Où en faut-il chercher la cause? La couleur même est dénuée d'intérêt : monotone et déplaisante, sans finesse et sans éclat. Faut-il prononcer le mot *décadence*, qui paraît pour le moins injustifié et rend un étrange son, quand il s'agit d'un artiste mort dans les premières années du XVIe siècle ! Et pourtant nul autre mot ne saurait, mieux que celui-là, résumer notre impression devant cette *Vierge entourée de Saints*, que l'on voit à l'académie, et le terme s'impose, en quelque façon nécessaire, si nous nous arrêtons à ce corps de jeune homme, le *Christ ressuscité* de l'église San-Giovanni in Bragora, aux membres amollis, à la figure mièvre, œuvre de douceur et de grâce décadente, devant laquelle on est tenté de prononcer le nom du Sodoma, et qui vaut, par son caractère exceptionnel, que l'on s'y arrête pour l'observer curieusement.

CHAPITRE V

GIOVANNI BELLINI ET LA PEINTURE INTIME

CHAPITRE V

GIOVANNI BELLINI ET LA PEINTURE INTIME

Nous voici venu à celui qui, dans cette évolution de l'art vénitien antérieure à la Renaissance proprement dite, se révèle à
nous comme le plus expressif et le plus achevé des maîtres. Il
convient de s'arrêter longuement à son œuvre, car elle synthétise
et résume les efforts de ses devanciers. Ainsi qu'il arrive presque
nécessairement quand un artiste d'exceptionnel génie se trouve
placé par le hasard de la naissance au tournant d'un âge de production comme celui-ci le fut, Bellini sut reprendre, pour leur
donner une expression définitive, les formules bégayantes des
premiers âges. Servi également par la ténacité de son effort et par
le bienfaisant hasard d'une vie qui dura près d'un siècle — ne
devait-il pas être en tout le modèle de Titien? — il s'impose à
notre attention comme le héros de cette période, celui vers qui les
yeux doivent être toujours tendus pour lui demander les enseignements et les exemples que par-dessus tous il saura nous donner !

Il eut la grâce et la puissance. Il sut unir le charme naïf des
premiers âges à la force expressive poussée jusqu'à la passion par
où s'affirma son âme ardente, en rendant un son que nul de ses
devanciers n'avait su rendre. Le premier de tous, il sut donner à
la face humaine une signification douloureuse jusqu'au tragique
— nous verrons plus tard à quel point ! — Car, s'il est une part
de son œuvre par laquelle il nous apparaît *traditionnel*, et conti-

nuateur des maîtres qui l'ont précédé, s'il lui arrive de reprendre les thèmes déjà traités, du moins les développe-t-il avec une telle faculté d'invention, avec l'ardeur d'une âme si personnelle et si vivace, qu'il les renouvelle à vrai dire et les recrée. Enfin, quand il s'applique à rendre certains mouvements intérieurs de force et de passion auxquels nul avant lui n'avait songé, il se révèle de tous points innovateur et créateur. Il franchit, par l'essor propre de son génie, des distances que l'on ne pouvait prévoir, et parvenu à l'âge où les facultés créatrices sont d'ordinaire éteintes, il s'affirme plus énergique, plus vigoureux que jamais.

De ce long et douloureux poème de la *Maternité*, qui s'ouvre sur un sourire et s'achève parmi les contractions des sanglots et des pleurs, nul ne rendit comme lui les aspects variés et changeants. J'ai dit qu'il eut la grâce et le charme : les délicieux visages de ses *Madones*, l'expression de leur physionomie, tantôt pensive et douce, tantôt malicieuse et fine, nous seront un témoignage de la diversité de ses inspirations. Car jamais thème pictural ne fut plus fréquemment repris et modifié par le génie d'un artiste. Jamais au service d'une même idée, pieuse ou profane, on ne dépensa plus énergique application. Nous aurons à montrer tout à l'heure comment son tempérament d'artiste s'affirma plus vigoureux encore dans l'expression des sentiments violents et tendus, de quelle manière il atteignit par eux à la plus forte puissance d'émotion que l'École tout entière soit arrivée à rendre, comment enfin par là il exerce sa prise immédiate sur nos âmes modernes et pénètre aujourd'hui jusqu'à notre fond sentimental.

On peut le suivre ici depuis les origines jusqu'à la conclusion de son œuvre. Car de ces premiers maîtres vénitiens, à la différence de ceux qui viendront à la suite, les Titien et les Véronèse répandus un peu partout dans les musées d'Europe, on ne saurait autre part qu'à Venise prendre le moindre aperçu. Rien ne peut être plus édifiant que de référer à cette marche ascendante, et,

Giov. Bellini. — La Madone et l'Enfant (Académie des Beaux-Arts. Venise.)

notant le point d'où il partit, de constater jusqu'à quelle hauteur il s'éleva. Si différente, si variable avec le tempérament de chacun, cette évolution des talents qui, pareille à la vie elle-même, obéit à des lois échappant la plupart à nos prises, et se rattache à cette catégorie de l'*inconscient*, dont le rôle nous apparaît chaque jour plus manifeste et plus révélateur. Il en est qui grandissent soudain, et, dès les premiers essais, donnent leur mesure. Ils pourront persévérer toute une vie en ajoutant au nombre des œuvres déjà produites, ils n'ajouteront rien à la valeur de la chose exprimée, et, n'ayant plus rien à dire, se consumeront en stériles efforts : ce sont d'habitude les moins virils talents. D'autres, et nous y devons ranger les plus vigoureux, se développent suivant des lois progressives, et, après s'être cherchés de longues années, attendent jusqu'à la maturité pour s'exprimer pleinement. Natures privilégiées, qui souvent conservent jusqu'à l'extrême vieillesse leur force créatrice. Dans ce nombre, il faut compter le maître du Titien : Giovanni Bellini.

Voici de lui, dans cette salle de l'Académie de Venise, où ses différentes manières sont représentées, une *Madone*, la première en date, une de ses premières œuvres, disent les spécialistes : pauvre et grêle figure, sans expression, sans âme, sans vie aucune, de type quelconque et dénuée d'intérêt. J'ai besoin de toute ma confiance en l'authenticité d'une œuvre que l'on me présente avec indication précise pour y voir un Bellini. Les draperies bleues qui l'enveloppent sont pareillement insipides, et l'aspect général du tableau donne cette impression d'une fade chromolithographie.

Tant mieux, pensé-je à part moi, j'aime qu'il en soit ainsi, puisque cette observation va nous permettre de vérifier une fois de plus l'exactitude de notre loi sur l'évolution des talents. Combien il nous plaira suivre en lui cette marche progressive vers le Beau, vers la conquête d'un idéal qui flotte encore si vague devant ses yeux ! Que ne peut-on reconstituer, hélas, dans le cerveau des grands hommes ayant condensé à un degré aussi éminent que

Giovanni Bellini — Vierge et Saintes
(ACAD DES BEAUX ARTS)

celui-ci les qualités maîtresses d'une race d'artistes, la série des sensations coordonnées, des images liées, des émotions associées à la poursuite de leur idéal! Ce serait pénétrer le mystère de la production spirituelle, assister à l'éclosion des œuvres dans le cerveau de qui peu à peu les conçut : ce serait revivre leur existence même! Du moins nous est-il permis de vérifier, à ces signes visibles que nous deviennent leurs œuvres envisagées comme le plus authentique témoignage de développement intérieur, certaines règles à la rigueur desquelles les plus grands doivent se soumettre : c'est à quoi les musées, quand ils sont bien ordonnés et classés, servent efficacement. Rendons-leur cette justice, et reconnaissons que, dans certains cas impuissants à nous donner une émotion d'art comparable à celle des églises et des couvents, ils n'en présentent pas moins quelquefois pour l'étude d'un même maître un intérêt sans équivalent.

Loin qu'il nous soit possible aujourd'hui de reconstituer une telle vie, nous ne possédons même pas, sur ces beaux peintres de la première période de l'art vénitien, les éléments de biographie essentiels à nous les faire connaître. Pour tout ce xve siècle les *vies* de Vasari sont d'une sécheresse irritante. Il semble qu'à leur sujet la tradition n'ait rien laissé ; rien hélas ! pas même un de ces traits qui suffisent à jeter un jour éclatant sur une physionomie morale, et parfois expliquent toute une existence et toute une œuvre! tels, ceux que nous savons des grands rivaux florentins du xve siècle : Angelico, Lippi, Bartolomeo ; tels encore ceux qui nous ont été rapportés des maîtres vénitiens du xvie, et qui nous découvrent un Titien ou un Tintoret dans la verdeur de leur âme neuve et robuste. Nous savons simplement qu'ils étaient issus, lui Giovanni et son frère Gentile, d'une famille de peintres. Leur père, Jacopo Bellini, fut leur premier et paraît avoir été leur seul maître. Il leur montra le dessin, fidèle à cette méthode d'enseignement qui avait cours par toute l'Italie, et faisait des artistes comme une vaste corporation où se transmettaient d'âge en âge les traditions. « A sa grande joie, dit Vasari [1], Jacopo ne tarda pas à se voir dépassé par ses jeunes élèves. Il les incitait souvent à imiter l'exemple des Toscans qui, poussés par une noble émulation, cherchaient à vaincre les athlètes qui les avaient précédés dans la lice. Ainsi, disait-il, il faut que Giovanni me surpasse, que Gentile l'emporte sur Giovanni et sur moi, et que Gentile à son tour soit laissé en arrière par ceux qui viendront après lui. »

C'était là, on le voit, une conception un peu bien précise et hiérarchique des lois qui régissent le développement des talents ; mais à cette époque on n'y faisait pas tant de façons. L'artiste étant considéré et se considérant lui-même comme un ouvrier, voyait avant tout dans la peinture un métier qui s'apprend. Aussi nous représentons-nous très bien le vieux Jacopo assignant à chacun de ses fils le rang exact qu'il entend lui faire tenir. La Postérité ne devait pas confirmer ces prévisions, et les contemporains eux-mêmes, si l'on en croit Vasari, établirent une certaine distance entre les deux frères. Quelle que fût la réputation de ce Gentile, que nous aurons à étudier dans le développement de l'art décoratif à Venise, il n'atteignit pas, semble-t-il, à la haute renommée de son frère Giovanni.

Il y a même à cet égard, rapporté par Vasari, un trait aussi curieux en lui-même que pour la lumière qu'il jette sur les rapports des peintres de ce temps avec ceux qui détenaient le pouvoir. Le Grand Turc ayant été émerveillé de quelques portraits de Giovanni Bellini qui lui avaient été montrés par un ambassadeur de Venise, en oublia la loi musulmane qui interdit la reproduction des traits humains : il n'eut de cesse que l'auteur ne fût auprès de

---

[1] Vasari. *Vies des Peintres*, t. III, p. 144, 149, passim.

GIOV. BELLINI. — LA VIERGE ET L'ENFANT (Académie des Beaux-Arts. Venise.)

lui, et tout simplement demanda au Sénat vénitien de le lui expédier par la prochaine galère. A cette époque, le peintre des *Madones*, que ses contemporains semblent avoir admiré surtout comme portraitiste, avait près de quatre-vingts ans. C'était un bien grand âge pour tenter pareil voyage. Le Sénat qui ne voulait pas risquer de perdre un si glorieux maître, mais qui désirait en même temps être agréable au Grand Turc, tourna la difficulté par un compromis : il décida de ne risquer à cette distance qu'un talent moins précieux. Peut-être après tout songeait-il que l'on n'y regarderait pas de si près : ce fut Gentile Bellini qu'il expédia. Et Vasari nous rapporte que le Grand Turc, sans doute un peu surpris de cette substitution, ne renvoya l'artiste dans sa patrie que plusieurs années après, comblé de présents et d'honneurs, ayant commis lui-même les plus graves infractions à la loi musulmane.

Faisons retour aux œuvres qui nous en apprendront plus sur l'intimité de ce beau maître que toutes les biographies ; et, puisqu'il s'agit d'un artiste ayant accompli une évolution progressive, suivons, autant qu'il sera possible, l'ordre chronologique. Quels changements déjà, et quels progrès dans la *Madone* aux draperies vertes, qui tient serré contre elle le corps de l'enfant bénissant! Progrès de facture surtout, bien plus que de vie intérieure et de signification expressive : les mains de la Vierge sont d'un exquis modelé, et les qualités de pure peinture qui vont prendre un relief de plus en plus accentué s'indiquent nettement déjà.

Sans autre transition je veux passer de cette œuvre à celle que la photographie a popularisée, si j'ose dire, et que j'appellerai, pour la distinguer des autres, la *Vierge au voile*, à cause du velum vert sur lequel se détache sa fine et gracieuse tête : composition des plus célèbres en Italie et qui mérite sa renommée. Les hasards du groupement, peut-être quelque intention préméditée, la présentent à nos yeux tout contre la première Madone, celle

Giov. Bellini. — La Madone et l'Enfant (Académie des Beaux-Arts, Venise.)

qui nous fut une occasion d'insister sur les débuts du peintre.
Quel contraste, et quel significatif enseignement! Songez que

ce fut le même cerveau qui conçut ces deux têtes! Songez que ce fut la même main qui les exécuta! Et ne doutez plus, après un tel rapprochement, de la souveraine efficacité du temps sur l'évolution de certains talents! N'est-ce pas la conscience même du maître qu'une pareille œuvre symbolise à nos yeux, son éveil à la vie, la conquête définitive de ses moyens expressifs; mieux que tout cela encore, la pénétration décisive de cet idéal de beauté auquel se rattacheront désormais ses conceptions nouvelles? Comment ici l'enfant se trouve relié à la mère, par quelle attache délicate et touchante, il suffit, pour le comprendre, de voir ces yeux abaissés vers lui, qui firent la renommée de cette peinture. Il y a dans ce regard comme un doux étonnement de la maternité, quelque chose d'un peu précieux sans doute, et qu'au premier abord on jugerait affecté, si ce n'était un motif de s'y arrêter plus longuement pour pénétrer dans l'intimité de cette œuvre exquise. Tout y est délicat comme le talent du maître qui l'a conçue, et sa douce harmonie se continue dans la perspective des fonds bleuâtres qu'enferme un horizon de montagnes.

Jusqu'alors la Madone était seule avec l'enfant... Nous allons la voir maintenant environnée de personnages accessoires, si l'on peut appeler ainsi des figures aussi directement, aussi immédiatement rattachées au sujet central, et qui ne font qu'un tout avec lui dans la pensée même du peintre. La délicieuse composition de l'Académie, *Madona e Sante*, nous dévoile un sens de la vie intime, une perfection de groupement, un accord harmonieux entre les personnages, et, si j'ose dire, une même atmosphère spirituelle enveloppant l'œuvre tout entière, qui en font une expression des plus accomplies de cette seconde manière propre à Bellini, que nous appellerons la *manière intime*, et que nous aurons à étudier en sa formule définitive avec la Vierge fameuse de l'église des Frari. En elle dès aujourd'hui, il convient de saluer l'affirmation d'un art

GIOVANNI BELLINI. — LA MADONE ET L'ENFANT, SAINT PAUL ET SAINT GEORGES (Académie des Beaux-Arts. Venise.)

complet et pur, qui ne laisse plus rien à désirer comme perfection des moyens et communique à l'âme cette douce quiétude et cet apaisement qui n'appartiennent qu'à des œuvres d'un idéal aussi parfaitement noble et dégagé des passions humaines.

J'ai dit que les trois manières du maître se trouvaient représentées à l'Académie, et je n'en veux d'autre preuve que cette *Madona col putto dormente* qui nous apparaît d'un style justement opposé à celui de la précédente. Aussi bien est-elle des derniers temps de la vie du peintre, et se réfère-t-elle à cette époque où, sous l'influence de Mantegna, et sans nul doute aussi des peintres allemands, son talent prit une orientation plus sévère, plus tendue, plus expressive en même temps, pour aboutir à la sublime *Mère de Douleur* du Palais-ducal. Ce n'est pas le lieu de nous y attarder. Disons seulement que cette composition de l'Académie est comme un premier aperçu de la manière tragique par où nous le verrons formuler l'expression définitive de son génie, par laquelle il nous prendra tout entier, pour y avoir découvert une puissance d'émotion qui nous est chère, et dont nulle autre œuvre de l'école ne saurait nous montrer un exemplaire plus accompli.

... Non loin de l'Académie, arrêtons-nous à l'église des Frari, une des plus belles de Venise, des plus riches en œuvres d'art, et dont la sacristie enferme le précieux panneau de la *Madone*, en laquelle il nous faut saluer la plus parfaite expression de cet art d'intimité déjà noté à l'Académie. Il n'est guère de touriste, si peu attentif soit-il aux choses d'art, qui ne se rende à cette église, j'entends ceux-là même qui ne mettent pas les pieds à l'Académie : c'est donner la mesure de son universelle renommée. Voilà une de ces œuvres qui forcent l'attention et font le vide autour d'elles, quelle que soit d'ailleurs la concurrence qu'elles trouvent en leurs voisines. Pourquoi nous arrêter à ce *tombeau de Canova*, si emphatique et déclamatoire, où les élèves du sculpteur s'appliquèrent

Giovanni Bellini — La Vierge et l'Enfant

(ÉGLISE DES FRARI)

à renchérir encore sur la note d'affectation et de maniérisme par
où s'était imposé leur maître ? Grandes figures élégantes et froides

Giov. Bellini. — La Vierge et l'Enfant (Église des Frari, Venise.)

comme le marbre dont vous êtes faites, et qui n'arrivez point à
nous toucher, à nous communiquer l'émotion contagieuse vers

laquelle vous tendez, mais si vainement ! Pourquoi nous arrêter encore à la grande Vierge au donateur, peinte par Titien et connue sous le nom de *Vierge de la famille Pesaro*, peinture pareillement froide, qui ne saurait nous retenir !

Ce sont là morceaux de *commande*, si j'ose dire, pour employer un terme qui a bien sa signification précise aujourd'hui, entaché d'une légère défaveur qu'il ne pouvait avoir autrefois, puisque les plus fameux, les plus authentiques chefs-d'œuvre furent effectivement *commandés* aux peintres par des associations religieuses ou des particuliers qui voulaient en orner leurs couvents ou leurs palais. Commandes, n'est-ce pas, ces fresques peintes par Tintoretto à la Scuola San-Rocco, tout proche de l'église des Frari ? Commande aussi, sans nul doute, la délicieuse *Madone* de Giovanni Bellini à laquelle nous arrivons. Mais chacun m'a compris, et que tout simplement j'entends opposer par ce mot une œuvre vivace et sincère, qui fut peinte avec toute l'âme du peintre, à des conceptions plus froides, plus artificielles, plus nécessairement soumises aux convenances individuelles en vue desquelles elles furent exécutées, et par où l'artiste n'eut pas toujours loisir d'exprimer le meilleur de lui-même.

Il n'en fut point ainsi de notre précieuse Madone[1]. Produit d'une émotion sincère et pure, elle exprime le tempérament du maître avec une acuité singulière. Elle est une *date*, et une date significative, dans l'histoire de l'art vénitien. Voilà donc en ce sens, et indépendamment de sa beauté propre, une de ces peintures qui présentent une importance décisive au regard de l'esprit critique ayant le vouloir appliqué de dégager d'une œuvre d'art autre chose que les éléments de pure beauté ! Certes ils seraient suffisants, eux seuls, pour assigner à la Vierge des Frari un rang unique

---

[1] Voir l'analyse qu'en donne Taine dans son *Voyage en Italie*.

entre toutes les autres, mais non pour nous traduire en son inté-

Giovanni Bellini ou Vivarini. — La Vierge et l'Enfant
(Église San Giovanni in Bragora. Venise.)

gralité la valeur de ce précieux panneau. Il faut s'y arrêter avec la

certitude d'y voir autre chose qu'une exquise manifestation esthétique de ce milieu du XVᵉ siècle ; car, inconsciemment sans doute,
mais non moins sûrement pour cela, Giambellino y sut enfermer
l'essentiel de l'âme vénitienne du temps. Regard fier et assuré de
la Madone assise et tenant entre ses mains le corps délicat du
Bambino, vous n'êtes pas seulement celui d'une mère confiante et
glorieuse de sa maternité ! Sans doute, si vous n'étiez que cela,
vous n'exerceriez pas sur nous la souveraine attirance par où
nous nous sentons pris, et peut-être même iriez-vous à l'encontre
de la légende fameuse que vous tendez à incarner ! Mais vous
allez plus avant encore, et nous apparaissez l'expression décisive
de cette beauté vénitienne si souvent admirée ! Que de fois, au
tournant des ruelles mystérieuses, à l'angle de quelque pont ou
dans la pénombre des portiques qui longent les canaux endormis,
au hasard des promenades solitaires qui sont le charme de cette
ville unique, oui, que de fois vous ai-je aperçue, beauté précise et
fière de ces femmes qui portent la tête droite et les yeux levés,
semblant avoir conscience de l'antique noblesse de la race qu'elles
continuent ! Un amant épris de rêve pourrait vous souhaiter plus
de douceur, plus d'abandon caressant ; mais votre charme est
ailleurs, et c'est en vous imposant que vous exercez votre empire.

Et vous, enfants charmants aux boucles blondes, qui, molle-
ment inclinés au pied du trône, jouez du fifre et de la viole en
prêtant l'oreille à vos sons harmonieux, je ne vois pas seulement
en vous la réalisation suprême de ce thème pictural conforme à la
tradition, déjà indiqué chez les premiers maîtres, et qui suffira par
la suite à la renommée de tant d'œuvres ! Vraiment ce n'est point
assez, car vous aussi, comme la Madone que vous glorifiez, vous
êtes expressifs au plus haut point de la beauté vénitienne, et je
vous ai rencontrés à maint détour des ruelles obscures. Il me souvient d'un jour — c'était aux abords de l'église San-Giovanni e

Paolo dans un dès quartiers les plus populeux de la ville, — où le

Giov. Bellini. — La Vierge et l'Enfant (Église de la Madona dell' Orto. Venise.)

petit ange de Bellini s'offrit à mes yeux sous les traits d'un adorable bambin de six ans, aux regards doux comme d'une fille,

dont les cheveux bouclés se répandaient en tresses soyeuses sur
les épaules. Ah ! la saisissante et presque hallucinante similitude !
J'en fus à ce point ému que je demeurai sur place, immobile, ne
pouvant distraire mes yeux de cette vivante œuvre d'art. Bienheureux ciel, sous la lumière duquel les images de beauté s'évoquent

Giov. Bellini. — Christ mort. (Galerie des Offices de Florence.)

en formes si impressionnantes ! Il n'est besoin que de génie pour
les fixer et les faire vivre !

Au-dessous du nom du peintre, l'œuvre porte cette mention :
1488. C'est l'époque de la pleine maturité. Bellini avait près de
soixante ans, puisque ses biographes le font naître en 1428 ou 1430.
Avait-il déjà subi l'influence de Mantegna que nous verrons
évidente en des œuvres postérieures ? Je ne sais et peu m'importe
ici. Ce qui paraît hors de doute, c'est la réaction sur lui du style
allemand, qui éclate dans les panneaux accessoires de la Madone
des Frari. Celui de droite surtout, le Patriarche qui tient la crosse

et le livre entr'ouvert, évoque irrésistiblement dans ma pensée le

Giov. Bellini. — La Transfiguration sur le Mont-Thabor
(Musée Civique. Venise.)

souvenir de certains Holbein. Ce qu'il faut en tous cas dégager

d'une telle œuvre, c'est l'accentuation décisive de ce *style intime*
qui, dans un pays où la peinture décorative et brossée à la hâte
tiendra par la suite une telle place, condense ses effets en une formule si ramassée, s'applique à des minuties de détail rappelant les
plus attentives besognes de l'art germanique ou même flamand, et
pour conclure, rend un son si particulier dans ce concert des
œuvres antérieures au xvie siècle !

Peintures d'intimité, ne le sont-elles pas pareillement, ces
autres Madones de San-Giovanni-in-Bragora, de Santa-Maria dell'
Orto et de Redentore ? Si dispersées soient-elles sur la lagune, il
me plaît de les rapprocher ici pour l'analogie du sentiment qui les
unit. Il convient aussi de les visiter à la suite, avec une semblable
orientation d'esprit. Toutes elles présentent ce trait commun
d'exprimer avant tout la placidité de l'âme, et cette parfaite sécurité
intérieure par où nous nous sentons dégagés en leur présence du
trouble des passions humaines. C'est la *Maternité heureuse*, dans
toute l'acception du mot, et le charme contagieux par lequel elles
agissent sur nous n'a sans doute pas d'autre cause... Si l'on entend
par beauté la parfaite régularité des traits, l'ovale du visage et la
noblesse des lignes, la plus belle de toutes ces Madones, à mon
sens, est celle de Santa-Maria dell 'Orto. En nulle autre de ses
peintures Bellini n'a fixé un type plus classique et plus pur. Peut-
être bien aussi est-ce celle où il entre le moins d'*âme* et l'on entend
assez le sens où j'emploie ce mot ! Il est certain que la valeur
expressive et si prenante d'une composition comme la *Vierge
au voile* de l'Académie creuse un abîme entre cette œuvre et la
Vierge de la Madona dell'Orto. Celles de San-Giovanni-in-Bragora
et de Redentore, qui datent toutes deux du même temps, sont tou-
chantes surtout par les traits accessoires, par l'adorable grâce des
enfants, le Bambino sur les genoux de la mère, et les deux petits
anges qui jouent de la viole à droite et à gauche du groupe sacré.

Giovanni Bellini — Ange Musicien (Détail)

(ÉGL. DES FRARI)

Je voudrais ici relever une observation de l'esthéticien Ruskin, qui me semble préciser assez exactement le genre de charme qu'exercent sur nous les compositions pieuses de Giovanni Bellini : — « Les figures de ces deux tableaux, écrit-il[1] en parlant de la Madone des Frari et de celle de San-Zaccaria, sont dans une paix parfaite. Aucun mouvement n'a lieu, excepté celui des petits anges jouant d'instruments de musique, mais d'un geste ininterrompu et sans effort, comme dans un rêve. Un chœur d'anges chantant, par La Robbia ou Donatello, eût été attentif à sa musique, ou ardemment transporté par elle comme dans un effort passager : dans les petits chœurs de chérubins par Luini, dans l'*Adoration des Bergers* de la cathédrale de Côme, nous sentons même, à leur anxiété consciencieuse, qu'ils pourraient bien faire une fausse note, s'ils étaient moins attentifs. Mais les anges de Bellini, même les plus jeunes, chantent avec autant de calme que les Parques filent. »

Voilà qui est évidemment très bien vu, quelles que soient les conséquences que Ruskin en puisse tirer, et que nous n'avons pas à examiner ici. Voilà aussi qui nous conduit tout naturellement à nous expliquer sur la valeur du mot que nous marquions plus haut : *art d'intimité*. Entendez un art dans lequel tous les efforts se concentrent vers l'expression d'un même et unique sentiment, doux et tempéré, n'agissant pas sur l'âme par brusques et violentes secousses, mais tout au contraire par pénétration progressive et lente. C'est d'habitude aux scènes de la vie journalière, aux représentations précises de l'existence familiale que ce terme s'appliquera naturellement, et l'art des petits maîtres flamands, qui ne tendit guère à un autre idéal, sut entre tous nous en laisser la transcription émue. Le merveilleux, c'est qu'ici nous le voyons

---

[1] Ruskin. *The Relation betwen Michaël-Angelo and Tintoret*, § 218, 219, 220.

s'appliquer à des préoccupations d'ordre tout différent, tout contraire en apparence, et que dans une école devant aboutir plus tard à des compositions purement extérieures et décoratives, il ait pu s'élever à un pareil degré de perfection.

N'est-ce pas que, à le bien prendre, et pour avoir une idée exacte de ses tendances maîtresses, il convienne de référer au caractère positif et précis de l'esprit vénitien? Déjà nous l'avions noté ce trait psychologique, dès les œuvres des premiers maîtres, à l'occasion de Catarino, de Jacobello del Fiore. La délicieuse et rayonnante Vierge des Frari nous fit y insister encore, en marquant le peu de déformation que le génie d'un Bellini eut à faire subir à la réalité pour exprimer son idéal. La vie qui s'offrait à lui, si radieuse et si riche, parée de si ravissantes couleurs, lui dispensait généreusement les éléments de beauté nécessaires à la composition de son œuvre ; et, pour continuer le rapprochement indiqué plus haut, de même qu'aux petits maîtres flamands, les spectacles coutumiers suffisaient pour susciter des chefs-d'œuvre, de même aussi les belles et nobles formes de telle fille rencontrée sur la lagune devenaient, transposées sur la toile, les madones de l'Académie et des églises !

Aussi bien, n'est-ce point autre chose, cette conception de l'idéal féminin appliquée aux légendes religieuses, que le poème de la *Maternité heureuse*, dont Bellini nous a dit les joies tout humaines, sur des modes aussi variés que touchants. Quiconque y verrait davantage, et sous je ne sais quel fallacieux prétexte d'ennoblir le génie du peintre, voudrait ajouter à cette vivante réalité quelque arrière-pensée d'idéalisme mystique, risquerait de déformer la véritable physionomie de ce grand artiste, surtout de méconnaître l'essentiel de la race dont il n'est après tout que l'expression la plus haute et la plus achevée. Gardons-nous de tomber dans l'erreur qui fut commune à tant d'écrivains de ce

temps, quand ils appliquèrent leur effort d'analyse à tel de ces
beaux maîtres de l'école florentine, un Botticelli par exemple, et

Attribué à Giovanni Bellini. — Les Disciples d'Emmaüs (Église San-Salvatore. Venise.)

prétendirent souligner plus nettement ses intentions en lui prêtant des pensées de *derrière la tête*, qui purent bien être les leurs,
mais à coup sûr ne furent jamais les siennes ! Ici, sur la lagune

baignée par les flots changeants et mobiles, pas plus que sous le
beau ciel de Florence, l'élément déformateur et grossissant du
Rêve ne pouvait être appelé à tenir le même rôle que sous les climats insalubres où nous le voyons aujourd'hui encore s'appliquant
à corriger les insuffisances d'une réalité par trop déprimante.
Sans doute il eut aussi sa place, puisqu'il n'est point de grande
œuvre d'art où la sensibilité propre de l'artiste n'apparaisse
comme interprète de la vie. Mais combien cette sensibilité fut différente, à quel point surtout se manifestèrent opposés ses moyens
d'action, la série des Madones nous en est aujourd'hui la démonstration certaine.

... Après le poème de la Maternité heureuse, nous touchons à
celui de la *Maternité douloureuse*. Et c'est merveille vraiment de
voir comme la suite et l'enchaînement logique de l'œuvre servent
de support et de soutien aux idées qui nous sont le plus chères.
Jusqu'alors, n'est-ce pas? nous avions vu en Giovanni Bellini le
Vénitien pur, libre de toute influence qui ne fût locale. Car le panneau accessoire de la *Vierge* des Frari ne peut être envisagé que
comme une exception dans la série des Madones qui nous ont
retenu. Jusqu'alors aussi c'étaient les qualités de douceur intime,
d'harmonie heureuse et pondérée, qui nous touchaient. Les années
s'écoulent, et voici qu'au contact, non plus seulement probable,
mais authentique et prouvé de l'influence étrangère, une période
nouvelle de développement s'accuse chez lui : un style également
nouveau prend naissance, et des œuvres y correspondent, les
moins connues sans doute, mais pourtant les plus fortes, les plus
expressives, celles qui, pour notre goût du moins, s'accordent le
mieux avec nos modernes exigences...

Bien significatives, et plus fréquentes qu'on n'imagine, ces
évolutions de manières, ces transformations du talent, même chez
les plus vigoureux esprits, chez ceux qui semblent ne relever que

d'eux-mêmes, et une heure où l'on croirait que la sève est désormais impuissante à renouveler les inspirations ! Pour ne citer qu'un
exemple, c'est Glück, transformant son style et créant ses chefs-
d'œuvre à un âge où l'imagination du beau est d'ordinaire éteinte.
Existe-t-il preuve plus décisive de notre instabilité foncière, et
qu'il est de l'essence de notre âme de ne point arriver à se fixer,
puisque les privilégiés du génie n'y peuvent atteindre !... Bellini
a donc subi le contact de Mantegna dont il est le parent, et l'on
conçoit quel genre d'influence put exercer sur lui ce peintre d'un
talent si complexe et si travaillé. Mais ce n'est point tout : Dürer,
le grave Dürer, celui qui devait juger si finement le milieu
vénitien d'alors, est arrivé à Venise. Il s'y installe pour un long
séjour, visite l'atelier des peintres célèbres, celui de Bellini par
conséquent, et les lettres de Dürer mentionnent ces rapports [1].

Vous avez senti la portée du fait, et que ce n'est pas là
détail négligeable, mais bien la rencontre de l'âme allemande et
de l'âme vénitienne, toutes deux incarnées dans la personne de
leur plus illustre représentant. Elle s'opère ici dans le domaine
des réalités ; sans doute auparavant s'était-elle déjà produite par
la connaissance que chacun d'eux pouvait avoir de la renommée
et des œuvres de son rival. Comment une telle rencontre devait

---

[1] Albert Dürer écrit de Venise à Bilibald Pirkeimer : — « Je voudrais que vous
fussiez à Venise auprès de moi. Vous trouveriez une quantité de joyeux compa-
gnons parmi les Italiens qui s'attachent de plus en plus à moi. Ce sont des gens de
cœur, d'un commerce agréable, instruits, honorables et bons musiciens. Ils m'ont
en grande estime, et me témoignent beaucoup d'amitié. Par contre, il y en a parmi
eux qui sont les plus fieffés coquins du monde, mais des coquins bien séduisants,
et celui qui ne verrait que superficiellement les choses serait tenté d'avoir d'eux
la meilleure opinion. »

Plus loin, Dürer écrit : — « Le temps s'envole rapidement ici. Il y a beaucoup
de gens fort aimables qui viennent me distraire dans mon atelier... Les gentilshommes me veulent tous du bien. *Je n'en dirai pas autant des peintres depuis qu'ils
savent que je sais peindre.* »

agir sur Albert Dürer, nous le saisissons assez mal et nous savons simplement que, seul à peu près entre tous les peintres de Venise, Bellini trouva grâce à ses yeux[1] pour la ferme attitude de son caractère et la sûreté de ses rapports. Mais en revanche, si nous voulons nous faire une idée précise de son retentissement dans l'âme du Vénitien, — et notez bien qu'à ce point de vue, je n'entends pas préciser de date — nous tenons sous la main une preuve décisive : l'œuvre capitale à laquelle nous arrivons, cette *Mère de douleur* du palais ducal qui va jeter une lumière éclatante sur cette curieuse transformation.

Avec elle apparaît donc la tragique puissance d'émotion par où son génie se trouve complété et répond décidément aux contrastes essentiels des choses. Car, de se tenir, comme il l'a fait jusqu'à présent, à l'expression des sentiments tendres, de nous avoir montré le sourire de la mère comme le fil délicat et léger qui relie son âme à celle de l'enfant, ou ses mains jointes sur son petit corps avec l'onction pieuse et touchante d'une dévote confiance, ce n'est

[1] Dürer écrit au même Pirkeimer : — « J'ai beaucoup d'excellents amis parmi les Italiens, qui m'engagent à ne pas vivre familièrement avec leurs peintres. Il est vrai que j'ai aussi beaucoup d'ennemis, qui critiquent mes ouvrages dans les églises et partout où ils se trouvent. Ils disent qu'ils ne valent rien, parce que *je ne peins pas à la manière antique*, ce qui ne les empêche pas de les copier. Giovanni Bellini a fait les plus grands éloges de mon talent devant beaucoup de gentilshommes. Il désire avoir une de mes œuvres. Il est venu me voir et a insisté pour que je fisse une composition, promettant de la bien payer. Plusieurs personnes considérables m'ont assuré que c'est un homme excellent et qu'il m'est très favorable. Il est vieux ; cependant aucun des peintres de Venise ne peut se *vanter d'être aussi vert que lui.* »

« — Mon tableau est enfin terminé, écrit-il encore. Cet ouvrage m'a valu beaucoup d'honneurs, mais peu de profits. Pendant le temps que j'ai mis à le peindre, j'aurais pu gagner 200 ducats. Ma seule consolation est d'avoir fermé la bouche aux peintres qui disaient : « C'est un habile graveur, mais il n'entend rien au « maniement des couleurs. » Maintenant tout le monde s'accorde à dire qu'on n'a jamais vu plus beau coloris. »

point assez pour nous rendre un compte exact de la vie. Que les
premiers maîtres se soient tenus là et n'aient guère rendu qu'un

Giov. Bellini. — Figure allégorique (Académie des Beaux-Arts. Venise.)

son, il se comprend aisément, eux chez qui les moyens expressifs
étaient rudimentaires, et dont les préoccupations ne pouvaient
guère dépasser ce qui frappait leurs regards. Mais les besoins
grandissent à mesure que ces regards s'étendent plus loin ; les

exigences s'accentuent dans la même proportion que la conscience de plus en plus lucide, et nous allons assister à ce fait singulier

GIOV. BELLINI. — FIGURE ALLÉGORIQUE (Académie des Beaux-Arts. Venise.)

bien digne de toute l'attention : la révélation d'un style et d'une manière nouvelle donnant naissance chez Bellini à des besoins nouveaux aussi.

Besoins d'émotion, de l'émotion la plus sincère et la plus

vivace : c'est par là qu'il nous retient, qu'il exerce sa prise décisive sur notre âme, et satisfait de manière inattendue, d'autant plus

GIOV. BELLINI. — LA VÉRITÉ. FIGURE ALLÉGORIQUE (Académie des Beaux-Arts. Venise.)

efficace pour cela, nos intimes exigences. Occasion aussi bien, telle qu'aucune autre ne saurait s'offrir meilleure, de faire retour à cette idée chère entre toutes : la puissance contagieuse de l'émotion, son efficacité souveraine, non plus seulement dans la

création, mais dans la compréhension de l'œuvre d'art. — « Savoir
n'est rien, sentir est tout, » disions-nous autre part, et cette for-

Giov. Bellini. — Figure allégorique. (Académie des Beaux-Arts. Venise.)

mule légèrement paradoxale ne tendait à rien autre qu'à condenser
brièvement une vérité psychologique se présentant pour nous à la
pleine lumière de l'évidence.

Il faut voir cette figure de *Mère*, ravagée par la souffrance,

atteignant par son rictus tragique à la plus intense, j'allais dire à
la plus *physique* expression de douleur. Ah ! celui qui pourrait

Giov. Bellini. — La Fortune. Figure allégorique
(Académie des Beaux-Arts. Venise.)

conserver le moindre doute sur l'assise profondément *humaine*,
intimement *réaliste* de cet art, qu'il se mette en face d'une telle
œuvre et sa conviction sera faite ! Encore faut-il bien que l'on
m'entende : le réalisme dont je parle est un réalisme d'expression,

se limitant aux moyens employés, par-dessus tout au jeu physionomique des personnages. Mais pour une fois la réussite est complète, et je ne sache pas un autre morceau de peinture où l'effort du
maître ait atteint à pareil résultat. Seules, nous l'avons déjà dit,
certaines peintures de l'école allemande, de celles où rien ne fait
beauté en dehors de l'expression, certains morceaux de ce Dürer
douloureux et grave, ou bien encore des premiers maîtres de
Cologne, peuvent être rapprochés de cette étrange, de cette saisissante conception. Le merveilleux, c'est qu'elle ait pu germer
dans un cerveau vénitien, sous ce ciel lumineux et riant, dans ce
décor splendide où tous les spectacles impressionnant la vue sont
une fête du regard ! Et ce nous serait un indéchiffrable mystère si
nous n'en tenions maintenant la raison tout historique dans ces
deux noms rapprochés : Mantegna et Dürer. Voilà, à n'en point
douter, un des plus curieux tournants de cette école des premiers
Vénitiens, ce point de rencontre qu'il nous est aujourd'hui possible
de contrôler avec certitude !

Cadavre effrayant et tragique, le corps du Christ est soutenu
par la Mère qui supporte le bras raidi dans la mort. Il me souvient
d'une salle de musée où je vis pareil affaissement et pareille mort :
c'était à Bâle et c'était Holbein qui l'avait fixée sur la toile ! Mais
rien peut-il surprendre de ces maîtres modelés par la pratique de
la vie méditative, grandis dans une atmosphère de tristesse, et
toute leur vie ayant appliqué leur esprit à des contemplations
intérieures ! Était-il pas naturel, presque nécessaire, qu'ils se
composassent de la mort cette idée sévère et terrifiante, et que les
images par où elle se précisait en eux revêtissent ce caractère de
tragique réalité !

Songez maintenant que cette composition de Bellini, d'ordre
vraiment unique, se trouve au Palais-Ducal, dans la magnifique et
somptueuse résidence qui, plus que toute autre à Venise, évoque

Giovanni Bellini _ Pietà

(PALAIS DUCAL)

à nos yeux la beauté d'une vie extérieure et décorative : alors seulement vous pourrez goûter la saveur du contraste. Tant de peintures brossées à la hâte et ne visant point un autre idéal que la somptuosité de cette existence, couvrent les murailles tout alentour. Épisodes glorieux de la vie vénitienne, victoires de la République, hauts faits des doges les plus fameux, s'y déroulent en anecdotes nombreuses. Mais combien peu tout cela nous touche, combien tout cela nous laisse froids, auprès de cette *Mère*, si humaine et si impressionnante ! Ce sont purs traits anecdotiques, n'allant pas plus loin qu'à nous amuser un instant, tandis qu'elle, la sublime mère de douleur, elle atteint au plus profond de notre âme, par son éternelle et toujours vivante signification ! Rapprochement qu'il convenait de faire et qui va bien plus avant encore que ce cas individuel, nous y devrons insister ailleurs, puisqu'il nous permet de mesurer l'abîme qui sépare l'art d'émotion de la peinture purement décorative.

Pour ma part, dans tout le développement de l'école vénitienne, je ne vois qu'une seule œuvre qui, pour le caractère et les tendances, toutes différences de style étant d'ailleurs réservées, puisse être rapprochée de la composition capitale de Giovanni Bellini : c'est la dernière que son plus illustre élève ait conçue, cette *Déposition* fameuse de l'Académie, peinte par Titien, l'œuvre suprême que sa mort interrompit, celle qui porte la touchante mention :

> « Quod Titianus inchoatum reliquit,
> Palma reverenter absolvit,
> Deoque dicavit opus. »

Ici le corps du Christ repose sur les genoux de la mère, et la grande figure de la Madeleine se dresse auprès du groupe, amante éplorée qui d'un geste tragique exprime l'immensité de sa douleur. Avec des moyens tout différents, avec l'inévitable divergence de style que près d'un demi-siècle d'intervalle devait mettre entre les deux œuvres, c'est la même ardeur de vie, la même intensité d'émotion, et ces deux grands noms nous plaisent à rapprocher ici, que les liens de disciple à maître unirent pareillement dans la vie et dans l'art!

Ce n'est point là le seul exemplaire que nous puissions consulter d'un Bellini tragique et cédant à d'autres besoins que ceux d'harmonie douce et tempérée par où nous le vîmes atteindre, en ses Madones de l'Académie et des églises, à la plus pure expression de sa manière intime. L'évolution qui s'était produite en lui, sous l'influence du style allemand et de Mantegna, répondait à des exigences trop précises pour ne point laisser de traces durables, et la sublime *Déposition* du Palais-Ducal devait nécessairement être accompagnée d'efforts similaires. Le musée des Offices de Florence possède de lui une très belle grisaille (étude de *Déposition*), qui doit être de la même époque, et répond aux mêmes besoins d'émotion que celle de Venise. Peut-être encore n'est-ce là que la première idée, l'esquisse de début, la forme originale sous laquelle ce beau sujet s'offrit à sa pensée, pour être ensuite simplifié et réduit à la forme définitive que nous avons étudiée au Palais-Ducal.

Le Christ mort est entouré d'apôtres, assis sur les genoux de sa mère, qui le presse contre elle, tandis qu'un des personnages de la scène soutient sa main meurtrie. L'ensemble de la composition sans doute est moins tendu dans le sens expressif, moins tourmenté, d'une réalisation moins dramatique que dans celle du Palais-Ducal. Le cadavre du Christ est loin d'apparaître aussi impressionnant, de même que le visage de la mère n'atteint pas à cette intensité de douleur physique que nous connaissons, laquelle ne fut jamais dépassée. En ce sens évidemment ce n'est point là un document d'art d'égale valeur; mais il ne s'en ajoute pas moins au premier et fait nombre avec lui. Il y a, dans cette

Attribué à Giov. Bellini. — Portrait du Doge Mocenigo
(Musée Civique. Venise.)

13

grisaille des Offices, telle tête d'apôtre, celle qui se trouve derrière le Christ et regarde, qui est du plus pur style et de la plus pure tradition allemande. Il n'est rien là de l'âme vénitienne, et c'est bien, nous semble-t-il, tout à l'influence étrangère qu'il convient d'attribuer un effort si particulier et si intense.

Déjà nous avons parlé des rapports de Bellini avec Mantegna. Il nous faut maintenant toucher à cette question de l'influence que celui-ci exerça sur le développement du peintre vénitien. Il paraît bien qu'elle vint se fondre avec celle des maîtres allemands, et qu'à cette fusion sont dues les œuvres du caractère de la *Déposition*. Le trait essentiel du talent de Mantegna, nul ne l'ignore, c'est un retour appliqué, obstiné si l'on peut dire, au dessin d'après l'antique, et la reprise des ornementations et des draperies servant d'enveloppe au corps humain d'après les modèles que la statuaire plaçait sous ses yeux. On sait aussi quelles objections ce style nouveau, tendu jusqu'à l'artificiel, souleva parmi les contemporains, dans un milieu d'artistes tout absorbés par l'étude du corps d'après la nature. Aussi bien est-ce la raison pour quoi ce Mantegna, bien que né sur le sol vénitien, ne saurait se rattacher par son tempérament à la pure tradition de la race. Quoi qu'il en soit, la réaction de son œuvre sur l'évolution de Bellini est tellement nette, tellement évidente, qu'on ne peut la négliger. A ce point de vue la Galerie Nationale de Londres possède une très précieuse peinture du maître, un petit *Christ sur la montagne*. Regardez les draperies qui enveloppent le corps de Jésus vu de dos, à genoux et priant, la chevelure elle-même, et de quelle manière les boucles en sont disposées sur les épaules : aussitôt vous vous trouverez reporté au style des belles fresques des Eremitani de Padoue. Mais n'y a-t-il pas mieux encore et quelque chose de plus décisif? L'apôtre du premier plan étendu sur le dos présente exactement le même raccourci, d'une audace sans égale, que la petite étude du musée de Brera à Milan, signée de Mantegna. C'est presque une reproduction intégrale de cette étude et comme une copie; et si l'on y joint la *Transfiguration sur le Mont-Thabor* de ce même Bellini, que possède le musée civique de Venise, on aura la preuve la plus décisive du patient effort avec lequel le maître vénitien s'appliqua à pénétrer le style de Mantegna...

Comment l'auteur de la sublime *Déposition* du Palais-Ducal fit-il retour à cette manière sage et pondérée que nous voyons dans certaines églises : voilà ce que nous pénétrons assez mal. Mystères de la production esthétique, pour l'éclaircissement desquels il faudrait pouvoir, comme nous en exprimions plus haut le vœu, reconstituer dans le cerveau des maîtres la série des réactions psychologiques qu'ils eurent à subir. Sur des points aussi obscurs nous ne pouvons édifier que des hypothèses, car nous n'avons plus pour nous guider un seul trait aussi précis que cette influence de Mantegna, que cette réaction de Dürer et de l'âme germanique sur le développement de ce beau maître. Quoi qu'il en soit, Bellini, en abordant cette manière, s'écarte décidément du style par lequel il se rattachait à notre sujet. Les traits subsistant encore dans ses précédentes œuvres du caractère primitif s'évanouissent totalement, et c'est à quelque composition parfaitement pondérée du milieu du xvie siècle que nous croyons avoir affaire.

Nous voulons parler du curieux tableau de l'église San-Salvatore, les *Disciples d'Emmaüs*. Si différente se révèle cette œuvre de l'habituelle manière du maître, si déconcertante même et si inattendue, que les commentateurs tentèrent de l'attribuer à Vittore Carpaccio. Certains détails de costume, notamment chez le disciple de gauche le turban qui couvre sa tête, ont pu prêter quelque valeur à cette hypothèse : on sait en effet qu'en mainte circonstance le grand peintre décorateur que nous aurons à étudier s'appliqua à des sujets où les costumes de l'Orient trouvaient place : c'est assez pour qu'on ait songé à lui en face d'une œuvre d'attribution douteuse. Pour nous, nous ne nous y arrêterons point, car une telle attribution nous paraîtrait plus difficile à admettre que celle où se rangent d'habitude les commentateurs. Il n'y a rien dans cette peinture du faire coutumier à Carpaccio. Voyons-y donc simplement une œuvre par laquelle Bellini annonce et manifeste déjà le style des maîtres du xvie siècle qui l'imitèrent sans le dépasser. La sagesse et la précision du groupement, la pondération de l'ensemble, le dessin physionomique des personnages, surtout l'admirable tête d'homme qui se trouve à la droite de Jésus, voilà ce qu'on observe chez Bonifazio et Pâris Bordone. Il convenait de noter cette œuvre, puisqu'elle se rattache au maître du Titien par son ordinaire attribution; mais hâtons-nous de dire que par son style elle y échappe d'elle-même pour se prolonger vers un temps qui n'est plus de notre sujet.

Plus qu'aucune autre peut-être, cette dernière peinture : les *Disciples d'Emmaüs* de l'église San-Salvatore, souligne le trait essentiel de cet art, qui est, déjà nous l'avons observé, de s'affirmer comme un *art de portraits*, reposant tout entier sur l'observation directe de la nature. Ainsi, jusqu'à ses dernières inventions, nous voyons ce beau maître persévérer dans l'assise réaliste et profondément humaine qui fait l'unité de son esprit, et l'impose à nous comme l'expression la plus achevée à ce point de vue du génie de sa race[1]. Au début comme à la fin de cette longue carrière — quatre-vingt-dix ans d'existence, et soixante années de production pour le moins — qu'il s'agisse de ses pures et calmes Madones répandues un peu partout sur la lagune, ou de compositions harmonieuses et pondérées comme les *Disciples d'Emmaüs*, c'est toujours dans l'étude

---

[1] On pourra suivre cette parfaite unité d'inspiration dans la série des figures allégoriques dont nous donnons ici la reproduction.

Giovanni Bellini _ Son portrait par lui-même

(OFFICES DE FLORENCE)

directe de la figure humaine qu'il va renouveler ses inspirations. N'est-ce pas ainsi qu'il convient de nous le représenter : un observateur toujours attentif aux réalités, avec cette belle et puissante faculté de vision qui est au fond de tout grand homme, et les yeux curieusement ouverts sur le magnifique spectacle de nature qui se déroulait devant lui ?

Servi par de telles facultés, il dut être et il fut en effet un merveilleux portraitiste. Si l'on en croit Vasari, sa réputation fut surtout une réputation de portraitiste, et le trait rapporté plus haut touchant la curiosité du Grand-Turc à son endroit est bien pour confirmer ce dire. Après la mort de son frère Gentile qu'il aimait tendrement, et malgré son grand âge — il avait alors près de quatre-vingts ans — Giovanni Bellini se mit à faire des portraits et Vasari ajoute : — « Il n'y eut à Venise personne d'une condition un peu relevée qui ne se fît peindre par lui ou par quelque autre. » — Sa production comme portraitiste dut être considérable. Malheureusement il est peu de ces œuvres qui soient parvenues jusqu'à nous : la plupart sans doute demeurèrent dans les familles pour qui elles furent peintes et partagèrent les hasards de leur destinée. Parmi ceux que cite Vasari, nous relevons le portrait du doge Loredano, et celui d'une des maîtresses de Bembo, si enthousiasmé de l'œuvre du peintre qu'il la célébra dans un sonnet.

J'aurais aimé que cette dernière parvînt jusqu'à nous, fixée par le pinceau de Bellini : document précieux à double titre. D'abord c'eût été l'image d'une des plus belles femmes du temps, peut-être une de ces courtisanes brillantes chez qui l'esprit s'égalait à la beauté, et qui, sous les frais ombrages des jardins de Murano, donnaient la réplique à cette société de lettrés délicats dont nous avons décrit par ailleurs l'élégant assemblage. Mais plus vraisemblablement encore était-ce un type de séduction moins hardie, si l'on s'en tient au vers du sonnet où son amant la célèbre :

O imagine mia celeste e pura

c'est-à-dire sans doute quelqu'une de ces têtes pensives et douces qui servirent de modèle au maître pour nous traduire le touchant poème de la Maternité heureuse. Qui sait? peut-être l'une de ces Madones n'est-elle autre que le portrait de cette maîtresse aimée ! Combien il eût été curieux en tout cas de placer à côté de l'œuvre pieuse l'image profane fixée sur la toile pour répondre au vœu de l'amant empressé, et ne tendant à rien autre qu'à nous laisser une œuvre de vérité et de beauté !

CHAPITRE VI

VITTORE CARPACCIO ET LA PEINTURE DÉCORATIVE

CHAPITRE VI

VITTORE CARPACCIO ET LA PEINTURE DÉCORATIVE

Il faudrait la plume ardente du plus coloriste des écrivains, rivalisant l'éclat des tons changeants et lumineux, pour faire revivre ainsi qu'il convient l'époque, et par conséquent l'art, de celui qui s'impose à notre attention comme l'incarnation vivante du génie décoratif vénitien. Tel qu'il naquit il demeura, et sans doute fut-il le seul, parmi ces maîtres du xve siècle, qui n'eut à subir le contact d'aucune influence étrangère. De cette âme vénitienne du temps qui devait avec le xvie siècle s'affirmer en traits plus accusés et parfois même violents, il nous donne la fleur et le premier parfum. C'est comme un bouquet où s'entremêlent les essences les plus diverses et les plus rares qu'il faut admirer dans l'œuvre de cet incomparable maître de la couleur : Vittore Carpaccio.

Le plus pur des Vénitiens, disions-nous ! Nul ne s'y trompera en effet. Quel que soit le sujet des compositions auxquelles il s'applique, nul ne songera à chercher en son œuvre autre chose qu'une reconstitution de l'existence d'alors. Qu'il s'agisse de sainte Ursule ou de saint Georges, que le peintre vienne à nous retracer la touchante histoire de la jeune vierge, fille du roi Maurus, s'expatriant vers les brumes lointaines pour conquérir une âme à Dieu, ou bien encore la lutte de saint Georges avec le Dragon, ce n'est toujours, on le verra, qu'ingénieux prétexte à nous restituer la vie élégante et décorative du temps. Dès le xve siècle et le premier de tous,

14

Carpaccio inaugure cet usage qui deviendra d'application constante au XVIe, et fera le nom des Palma, des Bonifazio, des Véronèse et des Titien, d'enfermer les légendes et les mythes d'autrefois dans le somptueux et magique décor de la vie vénitienne du temps. En ce sens, et pour la compréhension historique de l'art, l'étude d'une série comme celle de sainte Ursule à l'Académie, est l'introduction nécessaire, le premier chapitre si l'on veut, de cette histoire de l'art décoratif qui tient à Venise une place si importante.

Comment il y parvint, de quelle manière, tout en nous léguant l'image précise de son temps, il atteignit à nous charmer ; comment enfin, tout en inaugurant cet art décoratif de Venise qui devait aboutir à des peintures si froides, si hâtives et si convenues, il manifesta des qualités d'expression vraiment uniques, une douceur, une poésie intime que nul autre après lui ne devait nous rendre : tels sont les points essentiels qu'une analyse de son œuvre nous permettra d'éclairer. Fortune rare, cette œuvre se trouve tout entière sur la lagune, ou du moins les rares exemplaires que nous en offrent les musées étrangers n'ajoutent que peu de chose à ce que nous voyons ici. A la différence des maîtres du XVIe siècle qui furent dispersés un peu partout à travers l'Europe civilisée, ceux du XIVe et du XVe ne sortirent guère du sol natal, et leur œuvre est là, toute ramassée autour de nous, qui s'offre d'elle-même et sans effort à notre curiosité.

Ce qu'elle fut à Venise cette existence du XVe siècle, des pièces nombreuses et authentiques l'attestent, en dehors de l'art lui-même. Et certes il serait aisé d'accumuler les documents : les récits des voyageurs, les exclamations enthousiastes des visiteurs de marque, les vers des poètes du temps, et jusqu'aux pièces législatives par où les Doges et le Sénat se virent contraints de réprimer le luxe des contemporains, autant de preuves qui placent la cité

Laurens Edit.

Imp. Lemercier

V. Carpaccio — Les Ambassadeurs anglais devant le roi Maurus

(ACAD. DES BEAUX-ARTS — VENISE)

vénitienne du xv° siècle au premier rang du monde civilisé. Je

V. Carpaccio. — Sainte Ursule devant son père (Académie des Beaux-Arts. Venise.)

voudrais seulement détacher ici un feuillet d'une chronique du temps qui présente une saveur si particulière qu'en vérité ce serait

conscience de l'omettre. Il est de l'écrivain milanais Casola qui, conduit en cérémonie dans le palais d'une noble dame vénitienne du xv° siècle, demeura stupéfait de la magnificence du spectacle :
— « La reine de France, écrit-il en son naïf récit qu'il faut suivre à la lettre, ni autre seigneur de France, n'aurait eu en pareil cas si grande pompe. Il y avait une cheminée toute en marbre de Carrare, brillant comme l'or, avec figures et feuillages si finement exécutés que Praxitèle et Phidias n'y auraient pu rien ajouter. Le plafond de la chambre avec ornementation d'or et de bleu d'outremer, et les murs étaient d'une richesse qui dépasse toute expression. Le lit seul était estimé cinq cents ducats, et les meubles de la chambre étaient à la vénitienne. Il y avait tant de figures si belles et si naturelles, et une telle profusion d'or, que je ne sais si à l'époque de Salomon qui fut roi des Juifs, où l'argent était réputé plus vil que le butin, on en vit jamais autant que nous en avons eu là sous les yeux. Ce qui est vrai, et que peut-être on ne croirait pas, si l'ambassadeur ducal n'était pas là pour confirmer mon dire, c'est qu'il y avait dans ladite chambre vingt-cinq demoiselles, toutes plus jolies l'une que l'autre, qui étaient venues rendre visite à l'accouchée. Très convenablement mises, comme je l'ai dit plus haut, à la vénitienne, elles ne laissaient voir que quatre ou six doigts de nu sous les épaules à droite et à gauche. Elles avaient, ces demoiselles, tant de bijoux dans les cheveux, au cou et aux mains, c'est-à-dire de l'or, des pierres précieuses et des perles, que, d'après l'opinion commune des visiteurs, elles en portaient pour une valeur de cent mille ducats. Elles avaient la figure fort bien peinte, comme le reste du corps qui était à nu [1]. »

Sentez-vous à ces paroles comme le premier contact du Barbare avec le monde civilisé? Et pourtant il ne s'agit pas d'un Barbare,

[1] Casola. *Voyage*, p. 109 et s.

V. Carpaccio. — Le Roi Maurus congédie les Ambassadeurs.
(Académie des Beaux-Arts. Venise.)

mais d'un homme ayant voyagé, ayant visité la cour de France, ayant vu et comparé. Encore qu'avait-il vu qui pût être mis en regard de cette beauté, de cette volupté vénitienne dont nul alors ne pouvait, sans l'avoir approchée, se composer une image précise ! Tout le reste de l'Europe n'était-il pas barbare auprès de cette luxuriante cité ? Rappelez-vous le mot de Dürer : — « Ici je suis devenu gentilhomme. » Et, quand il quitte Venise : — « Hélas j'ai mangé mon pain blanc avant mon pain noir. Que je regretterai le soleil de Venise ! Ici je suis un grand seigneur. Chez moi, je ne serai plus qu'un pauvre diable [1] ! » — Tel était donc l'effet produit par le contact avec cette impériale courtisane : aujourd'hui encore, déchue de son antique splendeur, elle agit sur nos sens avec une efficacité souveraine. Que devait-il advenir aux temps où seule elle était richesse et beauté !

Voilà bien ce qu'entre tous Carpaccio excelle à traduire. Eclat des costumes, somptuosité des simarres de soie et des robes traînant à plis nombreux, magnificence et variété du coloris, complexité des architectures fouillées comme des motifs de dentelle : n'est-ce pas là le triomphe de la vie extérieure et décorative, qui, sous ce ciel complaisant et lumineux, atteignait d'elle-même à sa plus complète expression ? N'est-ce pas aussi bien ce qu'il enferme dans cette *Légende de sainte Ursule* qui développe ses panneaux le long des murailles de l'Académie, le plus magnifique exemplaire qui soit en aucun musée d'Europe d'un art tout à la fois *intime* et *décoratif*, et dans lequel se trouve condensé tout le génie d'une race ? C'est là-dessus qu'il convient d'appuyer pour quiconque est accoutumé à chercher dans une œuvre d'art le signe visible, l'expression précise des mouvements intérieurs. Et même dans un ensemble aussi purement décoratif, soyez convaincu qu'il en est de transparents et de passionnants !)

[1] *Lettres* d'Albert Dürer à Bilibald Pirkeimer.

V. Carpaccio. — Le Prince anglais et son-père. Rencontre du Prince et de sainte Ursule
(Académie des Beaux-Arts. Venise.)

... Thème pictural bien des fois traité et repris, cette légende de la sainte ! On voit assez par où elle devait s'imposer aux imaginations du temps. Tout ce qu'il y avait de sentimentalité pieuse et touchante dans ce trait de la jeune vierge quittant sa vie et son milieu pour conquérir par l'amour une âme à Dieu, devait nécessairement trouver le chemin de ces cœurs simples encore et naïvement ouverts à la poésie des choses. Jamais nous ne dirons assez la puissance de prise du sentiment sur ces beaux maîtres d'origine, alors qu'en toute sincérité, en toute ingénuité de cœur et d'esprit, ils ouvraient les yeux sur le monde du dehors qui, du même coup, leur devenait expressif de la vie intérieure. Dans le même temps, sous les brumes du nord comme sous le ciel lumineux de Venise, la légende de la sainte devenait matière à chefs-d'œuvre. Faut-il rappeler la célèbre châsse de l'hôpital Saint-Jean de Bruges, et les peintures de Memmling ? Et ce nom ne suffit-il pas à marquer un contraste, le plus saisissant contraste d'art ? Jean Memmling, Vittore Carpaccio, merveilleux peintres tous deux, mais qui vécurent sous des cieux si différents, jamais l'opposition de leur génie ne s'offrit mieux à ma pensée qu'en cette salle de l'Académie de Venise !... Voyons donc les traits essentiels du maître qui nous occupe, et cherchons aussi bien, par l'étude de ses principales compositions, à dégager la portée de son œuvre.

La peinture n'est pas un art à *effets successifs :* entendez par là qu'elle est impuissante à se développer dans le temps, comme les autres expressions du Beau, la musique et la poésie ! D'où le besoin qu'éprouvèrent certains maîtres, aux époques d'origine, et quand la philosophie de leur art n'était pas encore consciente en eux, de lutter contre cette infériorité, de briser la synthèse de cette forme, pour en faire la rivale des autres formes de la pensée. Il en est de nombreux exemples, et des plus curieux, chez les tout premiers peintres. Dans ce premier panneau de la légende d'Ursule, où les

Laurens Édit.   Imp. Lemercier

Vittore Carpaccio — Le Sommeil de Sainte Ursule

(ACAD DES BEAUX-ARTS . VENISE)

ambassadeurs du roi d'Angleterre viennent demander au roi
Maurus la main de la princesse, nous en trouvons un bien saisissant
dans la scène à *double motif* qui représente le développement
sériel de la pensée du peintre. Tandis qu'au centre se trouve le

V. CARPACCIO. — SAINTE URSULE DEVANT LE PAPE (Académie des Beaux-Arts. Venise.)

motif principal, et que les ambassadeurs à genoux, dans un décor
de fête, présentent la requête du roi d'Angleterre, la partie droite
du tableau nous montre une chambre où le roi Maurus tient le
coude appuyé sur son lit, dans une attitude songeuse. Sa fille,
debout en face de lui, tente de le persuader, dans l'espoir de con-

vertir son futur époux au christianisme. Au bas de l'escalier, une
vieille femme est assise, peinte dans une manière étonnamment
réaliste, qui, sans doute inspira Titien pour sa vieille de la *Présentation*.

Jusqu'à quel point cet art est un *art de réalité* — observation
déjà faite pour toutes les manifestations antérieures du génie
vénitien — il faut le redire encore à l'occasion de Vittore Carpaccio, car nous tenons par là, et dès le seuil de cette étude, le
lien qui le rattache aux précédents artistes, ses devanciers ou ses
contemporains. Ainsi encore se manifeste la parfaite unité de
tendances que nous observions au début de cet ouvrage et qui
donne raison à nos hypothèses. Jusqu'à quel point cet art est un
art de portraits, où s'affirme la préoccupation constante du modèle
vivant, observé dans la nature, et posant sans trêve sous l'œil des
peintres, toutes ces têtes en font foi. En présence d'une telle œuvre,
on regrette ardemment de n'avoir pas sous la main d'authentiques
confidences sur la manière dont travaillaient ces maîtres : c'est ici
que l'on voudrait des documents précis qui nous seraient de précieuses indications. Dans la partie gauche de ce panneau, sous une
série d'arcades longeant un canal, morceau purement décoratif
dans l'ensemble de l'œuvre, et comme une réponse harmonieuse à
la méditation du Roi, des nobles vénitiens regardent, en apparence
désintéressés de la scène. Il y a là une application des visages,
une tension des physionomies, une fixité des yeux, qui vous
pénètrent et vous suivent, par où nous sommes complètement
édifiés sur les tendances du maître, sur ses préoccupations domi-
nantes et sur l'esprit de la race dont il sortit.

Rien n'égale-t-il la magnificence et l'intensité des couleurs qui
retiennent les yeux dans le second panneau : *Le roi Maürus donnant congé aux ambassadeurs d'Angleterre?* Je doute que dans
l'ensemble de la légende il y ait morceau plus accompli, et par le

détail des tonalités aussi variées que riches, et par le ton doré qui constitue sa lumière propre. Et puisque nous en sommes à cette

V. CARPACCIO. — ARRIVÉE DU NAVIRE CONDUISANT SAINTE URSULE
(Académie des Beaux-Arts. Venise.)

question de la couleur, j'ajouterai que, pour mon goût, il n'est pas, dans toute la suite de l'école, une seule œuvre qui dépasse ce merveilleux panneau. Revoyons par le souvenir toute cette série

de peintures dites de la grande époque : ces mythologies de Tintoret et de Titien, ces allégories de Véronèse qui étalent leur faste
au Palais-Ducal, et reconnaissons qu'en aucune d'elles l'art de
peindre, surtout ce sens de la couleur et cette richesse des
matières, n'atteignirent à pareil degré de perfection. Il convient de
le dire, si osé que cela doive paraître à certains qui réclameront
peut-être en faveur des maîtres du XVIᵉ siècle : Vittore Carpaccio
est le plus puissant coloriste de l'École !

Ce sont là qualités de facture, qui impressionneront surtout un
œil de peintre. Mais n'est-ce point par où les œuvres vivent et
conquièrent définitivement avec le temps la place qui peut leur
être refusée pendant telle période d'injuste oubli ; à laquelle
cependant elles finissent par atteindre, sous l'influence de causes
qui nous échappent parfois? Et voici bien l'une des plus évidentes :
nul doute que, si ces premiers maîtres n'avaient pas été les
merveilleux artisans de la couleur que nous admirons, leur œuvre
ne fût pas arrivée à la fortune que nous constatons aujourd'hui...
Encore n'est-ce point assez pour la justifier pleinement. Plus que
tout en effet, nous touchent en cette composition les qualités
expressives de certaines têtes, celles des petits pages qui sont
devant la porte, et du jeune scribe à boucles blondes, occupé à
écrire ce qu'on lui dicte : les conditions du mariage. (Le Prince
devra envoyer à sa fiancée dix nobles demoiselles, accompagnées
chacune de mille vierges.)

Figures délicates et presque malicieuses en votre finesse, avec
vos traits si purs et ces boucles molles retombant sur vos épaules,
j'aime à vous retrouver presque identiques, répondant au même
idéal de beauté, chez les maîtres différents qui me furent chers !...
Car à mes yeux vous symbolisez la grâce fragile et si tôt passée de
la première jeunesse, cette fleur d'adolescence qui vous para de
la faiblesse des femmes, par où nous nous sentons attirés vers

vous! Pages élégants de Vittore Carpaccio, autant que vous, délicieux jeunes hommes de Bernardino Luini, dont les contours

V. CARPACCIO. — MARTYRE DE SAINTE URSULE ET SES FUNÉRAILLES
(Académie des Beaux-Arts. Venise.)

imprécis laissent flotter une incertitude sur le sexe; comme vous
encore, têtes exquises de Pinturicchio peintes aux murailles de la

cathédrale de Sienne, ce que nous aimons en vous, ce n'est pas seulement l'incarnation d'un idéal de beauté qui se retrouve sous toutes les latitudes de ce doux ciel italien, mais bien plutôt encore de nous apparaître comme le vivant symbole de toute grâce et de toute faiblesse, et de vivifier en nous la notion d'amour !... Ainsi, par les musées innombrables de cette belle Italie, dans les chapelles fraîches emplies d'ombre où notre curiosité sans cesse en éveil interroge le génie des maîtres, et jusqu'en ces couvents, où l'art devait pénétrer aussi pour mieux affirmer sa puissance souveraine, il est certaines figures qui nous deviennent inoubliables, car elles touchèrent en nous les cordes les plus fines d'une sensibilité tout impressionnable. Et vous êtes de ce nombre, délicieux pages de Carpaccio, tendres jeunes hommes de Bernardino Luini, figures charmantes de Pinturicchio, qui, sur ces confins de la Renaissance, nous évoquez la poésie de l'âge précédent, cette poésie du moyen âge aux contours indécis et fuyants, qui par son intime pénétration sut exercer sa prise immédiate sur nos cœurs ! Nulle part, à vrai dire, je ne sais plus saisissante analogie ?

J'ai dit que cet art de Carpaccio était avant tout un *art de décoration :* voilà l'instant venu d'appuyer sur ce point. Si l'on entend par affirmation de l'élément décoratif dans un morceau de peinture l'importance majeure attribuée par l'artiste aux grandes lignes de l'ensemble, aux arabesques du dessin, à la réponse harmonieuse et à l'équilibre des diverses parties de l'œuvre ; si l'on y ajoute encore cette observation, que l'on ne saurait guère imaginer d'œuvre décorative où la beauté de la vie extérieure ne s'affirmât sous des couleurs ardentes et vives, il devient difficile d'en concevoir un plus saisissant exemplaire que ce quatrième panneau de la légende, maîtresse œuvre de la scène, à ne considérer en lui que l'effort de composition. Scène double encore celle-là, enfermant deux épisodes successifs séparés par un étendard :

celui du prince anglais quittant sa patrie, et celui où il se présente
au-devant de sa fiancée.

Comme il se comprend qu'un tel sujet, si varié dans ses détails,

V. CARPACCIO. — SAINT GEORGES TUANT LE DRAGON (Église San Giorgio Maggiore. Venise.)

non plus seulement touchant par son fond sentimental, ait tenté le
pinceau de ce maître, et retenu son attention pour une période
nécessairement prolongée de sa vie ! Nous n'avons aucun rensei-

gnement sur la composition de cette œuvre. J'imagine qu'il y dut
consacrer de longues et laborieuses années... Il faut s'arrêter à la
magnificence des fonds et du décor. D'une part, à gauche, les tours
crénelées et les châteaux de puissance féodale, la montagne que
domine un donjon, marquant que nous sommes à peine sortis du
moyen âge. De l'autre, dans la partie droite du tableau, la splendeur de la vie vénitienne exprimée par ces galères aux voiles
gonflées, par les dômes des églises, par l'architecture dentelée
des palais, par le chatoiement et l'éclat des costumes, par le con-
cours du peuple, des servants et des pages qui soufflent dans leurs
trompettes pour annoncer la venue du prince... Magnifique et savant
contraste, qui symbolise deux temps et deux pays, ces doubles
architectures qui se répondent ! Contraste, non plus seulement
de décoration pure, mais de sentiment et d'idée qui, dans la pensée du peintre épris de sa chère Venise, enfermait toute beauté et
tout amour en la splendeur de ses nobles architectures ! — « Je
ne parle pas, dit Casola, le naïf chroniqueur déjà cité, de la mul-
titude des grands, riches et beaux palais, l'un de cent, l'autre de
cinquante, un autre de trente mille ducats, ni de leurs proprié-
taires : ce serait une tâche au-dessus de mes forces, et qui exige-
rait un séjour prolongé dans ladite ville de Venise. »

Voilà pour cet élément de beauté propre et, si j'ose dire,
technique, qui se trouve en toute grande œuvre d'art, et s'analyse
grâce à l'intervention des facultés raisonnantes. Il faut qu'il soit
en chacune, et le rôle du critique est de le dégager. Encore n'est-ce
que peu de chose dans la compréhension totale de l'œuvre; et s'y
tenir, ce serait n'embrasser qu'une part bien incomplète de la réalité. Ici en effet, par de là l'élément décoratif, comme tout à l'heure
par delà les qualités de surprenante couleur, nous touche et nous
retient la signification expressive des personnages. La tête charmante du jeune homme agenouillé devant son père qui s'incline

Laurens Edit.

Imp. Lemercier.

V. Carpaccio – Ange Musicien (Détail de la Présentation)

(ACAD. DES BEAUX-ARTS)

vers lui et laisse tomber un regard de tendresse émue ; ce même visage d'étrange et naïve pureté avec ses boucles blondes recouvrant ses épaules, avec ses yeux empreints de la plus douce candeur : c'est de quoi difficilement se détacher, et nous nous sommes suffisamment expliqué sur ce point pour qu'il soit aisé maintenant de comprendre nos préférences.

C'est aussi bien l'affirmation nouvelle de cet élément d'*expression intime* dans la peinture décorative, par où l'œuvre de Vittore Carpaccio nous apparaît la plus triomphante, la plus précieuse manifestation d'art, avec celle de Giovanni Bellini, en ce xve siècle vénitien. Vous voici enfin, *Sommeil de sainte Ursule*, qui confirmez ce dire et lui prêtez votre appui ! Qu'un peintre ait pu obtenir, dans une composition de telle importance, cet effet de douceur et de rêve, surtout qu'il ait pu l'obtenir avec cette exécution profondément *réaliste*, c'est le point merveilleux ! Tous les détails de vie matérielle sont là, comme dans la peinture d'un petit maître flamand : au pied du lit, les pantoufles que la jeune femme vient de quitter ; le petit chien sur le premier plan du tableau ; devant le lit, la couronne ; dans la partie profonde de la pièce, un tabouret et une table, avec le livre entr'ouvert qu'Ursule méditait tout à l'heure. Détails exquis qui nous retiennent, et sont essentiels au touchant effet de l'ensemble.

Doucement étendue sur un lit à deux places, Ursule dort d'un sommeil profond, pourtant visité par les rêves. Sa main droite, repliée, soutient sa tête au front si pur que surmontent les tresses régulières de ses cheveux nattés à la vénitienne. Avec une si parfaite précision se dessine le corps de la jeune femme que l'extrémité des pieds marque une saillie sous la couverture. La blancheur neigeuse de l'oreiller libre auprès d'elle et la porte encore entr'ouverte, ne sont-ce pas là de délicats et transparents symboles où nous lisons la pensée du peintre ? Il n'y a plus que la *Sainte* désormais, appelée par Dieu à sa mission céleste, et le songe qui la visite la porte tout entière vers ses nouvelles destinées. En face du lit se présente l'ange annonciateur qui tient les palmes du martyre et c'est de lui uniquement que son rêve la rapproche !

Nous touchons décidément aux raisons profondes pour lesquelles cet art exerce sa prise immédiate sur notre âme. Ce qui fait sa supériorité, n'en doutons pas, ou mieux son caractère exceptionnel, c'est la parfaite fusion de ce double élément, l'élément *intime* et *décoratif*, par l'harmonie qu'elle nous offre et le style expressif qu'elle nous rend. Rencontre unique dans tout ce développement vénitien, ne vaut-elle pas qu'on s'y arrête, puisque, nous permettant d'opposer entre elles deux périodes successives de l'art, elle nous éclaire aussi bien sur la nature de nos exigences. Ne faut-il pas ajouter encore que c'est là une rencontre unique dans l'histoire tout entière de l'art ? Le caractère presque exclusivement religieux des maîtres de Florence qui peignaient aux mêmes temps, maintenait leur invention dans un ordre de sujets où les détails de la vie intime et journalière n'avaient guère à intervenir. Seul peut-être le doux et gracieux Benozzo Gozzoli, en ses fresques du Palais Ricardi de Florence, et surtout du Campo-Santo de Pise, nous dévoile tel trait d'intimité qui le rapproche du peintre vénitien. Encore n'est-ce là qu'exceptionnel et nullement de l'essence de son art.

Quittons un instant les salles de l'Académie, et transportons-nous dans les vastes appartements du Palais-Ducal. Ici, comme dans l'œuvre de Vittore Carpaccio, c'est un *Triomphe de Venise* que nous allons voir. Allégories, mythes et symboles, si précis qu'ils deviennent enfermés dans la forme que leur impose le caractère positif de l'esprit vénitien, ne vont qu'à glorifier la splendeur de la République, à retracer les hauts faits de ses armes, à nous traduire cette souveraineté effective qu'elle exerçait sur le monde

V. Carpaccio. — Ange musicien. Détail de la Présentation
(Académie des Beaux-Arts. Venise.)

civilisé. Ils se développent tout le long des murailles ; les pla-
fonds en sont recouverts, et par toute cette somptueuse demeure,

il n'est pas un coin de caisson qui ne dise la grandeur de la patrie
vénitienne. Allégories de Paul Véronèse et de Palma, si rayon-
nantes pourtant, et qui développez avec tant de faste la magnificence de vos récits, combien vous nous semblez froides aujour-
d'hui ! Et cependant vous nous apparûtes autrefois, quand notre
attention ne s'était pas encore arrêtée à des œuvres plus pures,
comme le suprême effort de l'art décoratif. Mais la raison pour
laquelle maintenant vous exercez si peu de prise sur notre âme,
c'est bien, je le perçois, que vos qualités expressives sont à peu
près nulles, et que le caractère décoratif où vous vous tenez est
exclusif de toute émotion. Faut-il rappeler encore ce que nous
disions à l'occasion de Bellini et de sa *Mère de Douleur,* cette
œuvre si exceptionnelle et si étrange auprès de celles qui recou-
vrent ces murailles. Ils ne nous sont plus de rien, ces glorieux récits d'autrefois, qui n'apparaissent que comme des épisodes refroidis, impuissants à nous émouvoir, tandis qu'elle, la
sublime Mère nous prend et nous retient par tout ce qu'il y a en
nous de contagieuse sympathie, symbole éternel de la maternité
souffrante.

Pareillement, ce que nous aimons chez le beau maître qui fait
l'objet de cette étude, c'est bien moins, chacun l'a senti au cours
de notre analyse, la reconstitution historique du temps où il vécut,
si curieuse pourtant, que tels traits d'émotion délicate et touchante, par où il exprime l'âme éternelle, et sait trouver le chemin
de notre cœur. Je donnerais volontiers toutes les indications précises, si utiles cependant à la restitution historique du temps, pour
l'exquise physionomie des petits pages, pour la figure non moins
charmante du jeune homme aux genoux de son père, pour ce chaste
et pur visage de la jeune femme visitée par son rêve ! C'est par là
que Vittore Carpaccio manifesta ce don merveilleux d'intimité
qui, par sa fusion avec l'élément décoratif de l'œuvre, aboutit à

ces ravissantes compositions. Grâce à l'analyse nous arrivons à

GENTILE BELLINI. — PORTRAIT DU DOGE FOSCARI (Musée Civique. Venise.)

démonter les pièces principales de la machine : moyen précis et
sûr, mais si artificiel ! Combien tout cela est froid, mis en face de

la vivante réalité, tissée de ravissantes couleurs et de lignes harmonieuses !

Il faut pourtant marquer les défaillances, et quelle que soit notre admiration pour l'art de ce maître, reconnaître en quoi il fut inférieur à ses grands rivaux florentins, les Bartolomeo, les Lippi, les Angelico... C'est — déjà vous l'avez pressenti, — dans l'expression des émotions religieuses. On en déduira la cause facilement de notre admiration même, et la composition centrale de la scène : *Sainte Ursule dans sa gloire*, nous en fournira la preuve. Ici vraiment les qualités expressives de Carpaccio ne présentent ni le même relief ni la même variété. Qu'est devenue cette diversité charmante des jeux physionomiques qui faisait des précédents panneaux un spectacle d'intérêt toujours changeant et renouvelé ? Qu'est devenue cette fine et délicate émotion qui se trouvait empreinte sur les traits du jeune prince à genoux devant son père, et tendant la main à sa fiancée, par où ces exquises figures allaient droit à notre âme ? Au lieu de cette variété, c'est une monotonie fatigante répandue par toute l'œuvre : les compagnes d'Ursule, qui lèvent les yeux vers le ciel, ont une même attitude, conventionnelle si j'ose dire, et médiocrement expressive. Dans cette œuvre, évidemment le talent du peintre n'était pas soutenu par un aussi sincère désir de rendre ce qui était en lui, et, détail notable parce qu'il confirme une fois de plus l'intime rapport existant entre la conception première et l'exécution, les qualités de couleur sont inefficaces à nous retenir en cette apothéose.

Les raisons vont nous en paraître évidentes, une fois marqué cet intime rapport entre l'exécution et l'invention, qui se produit chez tous les artistes sincères et passionnés, et nécessairement subordonne l'une à l'autre. Il se comprend que chez un maître aussi pleinement expressif du génie vénitien que Vittore Carpaccio les images d'émotion religieuse n'aient pu prendre la même intensité que celles qui soulevaient l'âme des Bartolomeo et des Angelico...

GENTILE BELLINI. — PORTRAIT DE LORENZO JUSTINIANI
(Académie des Beaux-Arts. Venise.)

On sait tel trait de ce dernier, rapporté par ses biographes, qui nous
découvre une âme uniquement régie par l'amour de son Dieu, et

pour qui la vie intérieure devenait l'unique raison de peindre. Une visite au couvent Saint-Marc de Florence suffit à édifier l'observateur sur l'essence même de son art. Quels points communs pouvaient exister, sauf l'amour de la peinture et l'identité des croyances, entre Vittore Carpaccio et les maîtres du cloître? Mais cette identité des croyances ne pouvait se traduire en œuvres de même caractère, chez cet artiste pour qui les images de la vie élégante du temps étaient l'habituel spectacle offert à ses regards, et chez ceux-là au contraire qui passèrent leur existence dans les pieuses méditations du cloître. — « Voici la cellule dans laquelle il vécut disions-nous autre part, à l'occasion d'Angelico : âme rayonnante et pure qui sans doute n'avait qu'une faible conscience de son lumineux génie. Menant l'existence commune et s'égalant à ceux dont il partageait la vie, aux heures de la prière il humiliait son esprit. Puis, quand il prenait son pinceau, c'était en quelque manière une exaltation nouvelle et plus ardente encore, puisqu'en face de l'image qui lui présentait son Dieu souffrant pour lui, il advenait, nous disent ses biographes, que ses yeux s'emplissent de pleurs pitoyables. » De ce maître à Carpaccio s'affirme une telle divergence de vie, de nature et de tempérament, que leur œuvre, cette expression sincère de leur âme, doit nous en être la confirmation éclatante ; et c'est une satisfaction d'ordre tout psychologique que nous goûtons à continuer le rapprochement. L'effort tenté est le même ; l'idéal poursuivi par le peintre de Venise ne diffère pas sensiblement de celui qui soutenait ses grands rivaux florentins. Combien diverse la réussite ! On n'insistera jamais assez sur ces dessous psychologiques qui expliquent les plus saillants contrastes et sont des arguments aussi valables, à quelque forme de beauté que l'on s'attache.

Continuons donc notre enquête, et puisque l'Académie nous en donne le moyen, goûtons ce plaisir de vérifier à nouveau nos pré-

V. Carpaccio _ Courtisanes
(MUSÉE CIVIQUE, VENISE)

cédentes observations. Carpaccio lui aussi traita le sujet, tant de fois repris par les peintres antérieurs et contemporains, de la Madone avec l'enfant. Il y développa également le thème des *Enfants musiciens*. Ici, c'est avec une *Présentation de Jésus au temple*, où la Vierge est entourée de quatre figures se répondant. Ah! l'étrange dualité du tableau, et qui jette une lumière plus éclatante que jamais sur la question qui nous retient! Rien de plus froid, de plus convenu, de plus purement traditionnel, si je puis dire, et dénué de sentiment, que ce groupe religieux! On dirait que le souci de composer une œuvre qui répondit par sa forme et sa donnée à une certaine idée préconçue a éteint chez ce maître la faculté d'expression. Songez que l'auteur de ces figures sans intérêt, de ces physionomies glacées et dépourvues de sentiment intime, est le même qui, dans la noble série de la Légende décorative, trouvait cette saisissante diversité pour rendre les plus fines émotions d'âme, pour faire vibrer en nous les cordes les plus délicates.

Maintenant, au-dessous de la composition principale, laissez tomber vos regards sur le groupe des *Enfants-musiciens* — je ne dis plus : anges-musiciens, comme pour le tableau de Giovanni Bellini à l'église des Frari. Il répond, dans la salle de l'Académie, à une composition identique de ce Bellini qui permet d'étudier par rapprochement la facture de ces deux grands maîtres. Arrêtez-vous surtout à cette exquise figure d'enfant qui joue de la viole sur la marche du trône, aux pieds de la Madone, et dites s'il n'est pas, lui aussi, quelque page charmant détaché de la légende de sainte Ursule. Sans doute il fut peint aux mêmes heures, et, je n'en doute pas, pour répondre au même idéal de beauté que le jeune scribe aux boucles blondes dont nous admirions la grâce. Je lis dans ses yeux toute la malicieuse jeunesse de ces « pages de plaisir », comme les appelait un des plus délicats esprits que je sache, parlant des pages de Pinturicchio à Sienne[1]. Aussi bien dans l'imagination du peintre est-il frère et jumeau de ces gracieux enfants. D'émotion religieuse, vous n'en sauriez trouver ici; et c'est parce qu'il se rattache plus immédiatement à l'âme vénitienne que nous aimons en lui cet oubli des préoccupations qui ne sont pas de sa race.

Pour faire retour au pur génie de ce beau maître, reprenons les compositions où le caractère *intime* se manifeste avec évidence. On en voit la plus magnifique et la plus complète expression dans le précieux tableau des *Courtisanes*, orgueil du musée civique de Venise. Perle de cette collection, la peinture de Carpaccio présente un double intérêt : d'abord parce qu'elle s'impose à nous comme le plus extraordinaire joyau de couleur, le plus fini, le plus poussé, qui ait été produit au xve siècle, et parce qu'elle nous apparaît encore comme la plus parfaite restitution du costume féminin de l'époque. Sur la richesse et la somptuosité des modes, les documents abondent, quelques-uns des plus curieux : — « On ne saurait dire, écrit Sansovino, quelle est la richesse du linge et du vêtement des Vénitiennes : car tous leurs effets, tant de soie que de lin, sont brodés, ornés, ouvrés, et revêtus d'un tel cachet de distinction, par l'artifice de l'aiguille, de la soie, de l'argent, de l'or, si pleins de délicatesse et de goût, qu'il est impossible, tout le monde en convient, de trouver ailleurs rien de mieux que ce luxe, véritable indice d'une âme candide et pure et d'un jugement achevé. » — Les conclusions de Sansovino sont pour le moins curieuses et révèlent un état d'âme assez particulier. Tous les conteurs du temps ne sont pas aussi indulgents que lui aux fantaisies bizarres et aux transformations de modes que les années amènent : — « Si une bizarrerie apparaît, dit un autre, c'est à

---

[1] M. Maurice Barrès. *Du sang, de la volupté et de la mort.*

qui s'en emparera... N'a-t-on pas vu des femmes avec le fichu

GIOVANNI MANSUETI. — MIRACLE DE LA SAINTE-CROIX (Académie des Beaux-Arts. Venise.)

tellement ouvert qu'elles laissaient voir plus bas que les aisselles ?
Et puis elles firent un saut et se couvrirent le cou jusqu'aux

oreilles. Les femmes portent des capuches et des manteaux. Elles n'ont plus qu'à prendre des caleçons, et elles auront tout pris. » — Casola enfin, notre chroniqueur déjà cité, écrit, sur la mode de porter la gorge nue, cette page amusante : — « Les femmes de Venise se font gloire en public, surtout les plus jolies, de montrer la poitrine, c'est-à-dire la gorge et les épaules, si bien qu'à les voir on s'étonne que leurs robes ne tombent pas à terre. Celles qui en ont les moyens, et même celles qui ne les ont pas, font grand étalage de toilette, et ont beaucoup de bijoux, des perles dans les cheveux, autour du cou ; elles portent aux doigts beaucoup de bagues, rubis et diamants. J'ai dit celles même qui n'en ont pas les moyens, parce qu'on m'a dit que beaucoup en prenaient en location. Elles s'arrangent artificiellement le visage, comme tout le reste de leur personne, afin de paraître plus belles. »

Faut-il, dans l'œuvre fameuse du musée civique, voir une allusion à cet édit curieux qui prescrivait aux courtisanes de se montrer à leur balcon la gorge nue, pour détourner les hommes des vices honteux qui s'étaient développés à Venise au contact des civilisations orientales ? Il se pourrait. Les deux femmes peintes par Vittore Carpaccio sont assises à leur balcon, ce balcon sculpté de petit palais qu'on aperçoit à chaque détour des canaux. L'une est inclinée vers la terre et montre ses seins découverts, occupée à jouer avec son chien ; l'autre est droite, le coude appuyé et tenant à la main son mouchoir. Leurs yeux sont étranges et fixes, avec ce je ne sais quoi de vague que donnent aux femmes de plaisir l'usage et l'abus du plaisir. Tout autour d'elles sont représentés les animaux familiers, pigeons et faisans, qu'un petit page vient caresser. Des colliers de perles entourent leur cou. Des perles également sont égrenées dans le haut du corsage ; et la ceinture qui marque à peine la taille, soutient leur gorge blanche et forte.

Œuvre unique par son caractère et sa facture, on ne saurait

assez le dire, dans ce développement des premiers maîtres de l'école, et qui nous est, pour cette école vénitienne, d'une aussi précieuse signification que les plus vivants intérieurs des petits maîtres de la Hollande pour la restitution de la vie intime du nord ! Plus précieuse encore, pour cette raison qu'elle est unique, tandis qu'ils sont innombrables, à travers les musées d'Europe, les exemplaires de cet art flamand. Quant à l'intensité de la couleur, à la qualité des matières, je ne lui sais à vrai dire d'analogue que la petite composition des Offices de Florence, qui lui est un digne pendant, que j'aimerais à voir ici, et qui nous montre décidément en Carpaccio le plus vibrant coloriste de ce xve siècle vénitien !...

C'est le caractère intime, familier, du génie de Carpaccio qui se précise et s'accentue encore dans la grande composition de l'Académie : *Miracle du saint bois de la croix*. Peinture tout à fait délicieuse et prenante, elle nous montre la ville en ce coin du Rialto, tel qu'il était alors, avec son pont de bois percé à jour et se relevant par le milieu, ses délicats palais du fond, sa vie grouillante du bord : seigneurs en grands costumes, étalant des étoffes rouges, bleues, vertes, regardant le spectacle de leurs gondoles, avec, comme gondoliers, des servants plus chamarrés et plus brillants qu'eux-mêmes. Certains d'entre ceux-ci ont des corps de femmes, pincés à la taille et des hanches saillantes : tel le beau jeune homme qui, près du portique, lève les yeux sur la scène du miracle. De magnifiques cheveux d'or sont répandus sur son dos, et une toque de velours rouge couvre le sommet de sa tête... : poétique réalisation de cette vie tout à la fois intime et décorative, qu'il nous est impossible de ne pas recréer par imagination sympathique, puisque chaque tournant de cette ville unique nous y invite et nous en offre le moyen... Oui, c'est bien là le genre de charme et d'attrait souverain qu'exerce sur nous le beau génie d'un Carpaccio, vu dans le cadre où se forma son art élégant et parfait. Au cours de nos promenades solitaires, dans les quartiers mystérieux et par les ruelles silencieuses, il n'est pas un coin de cette cité qui ne reporte l'âme songeuse vers la vie d'autrefois. L'imagination collabore à ce rêve qui fut celui de tout amoureux fervent des civilisations disparues, d'un spectacle vivant et coloré, qui nous rendrait pour un instant ce qui fut la grâce et le charme de cette vie... Et le monotone spectacle de l'existence contemporaine, tant de laids et disgracieux visages qui déshonorent de leur présence cette ville merveilleuse, viennent, de leur triste réalité, fortifier encore l'élan d'un tel désir. C'est le plus sûr effet de cette beauté italienne, sous le ciel de Florence autant que sur la lagune de Venise, d'aviver en nous par la toute-puissance du contraste ces vaines aspirations vers les réalités disparues. Il n'y faudrait que le costume, songe-t-on tout d'abord, puisque c'est cette laideur extérieure qui nous impressionne... Et sans doute y faudrait-il bien autre chose encore que rien jamais ne pourra nous restituer !... Continuons donc de rêver devant ces poétiques évocations de Vittore Carpaccio. D'autres nous en offrent encore de curieux exemplaires ; mais nul ne sut nous prendre et nous retenir comme le beau maître qui s'exprima tout entier dans la légende de sainte Ursule...

La restitution de la vie vénitienne du xvᵉ siècle ne serait pas complète, telle que nous la présente l'art décoratif du temps, si l'on ne joignait à cette légende de sainte Ursule les peintures de Gentile Bellini, de Lazare Sebastiani et de Giovanni Mansueti. A côté de cette salle de Sainte-Ursule et pour lui faire suite [1] — telle.

---

[1] Les salles de l'Académie de Venise ont été entièrement remaniées et réorganisées en 1895. A cette époque fut installée la salle des tout premiers Primitifs : Catarino, Simone da Cusighe, Jacobello del Fiore et autres. A cette époque aussi furent réunies et placées dans leur vrai jour, les peintures des maîtres décorateurs, et notamment la série de Sainte-Ursule.

fut évidemment la pensée des réorganisateurs de l'Académie —
se continue la série de ceux que nous avons appelés les maîtres

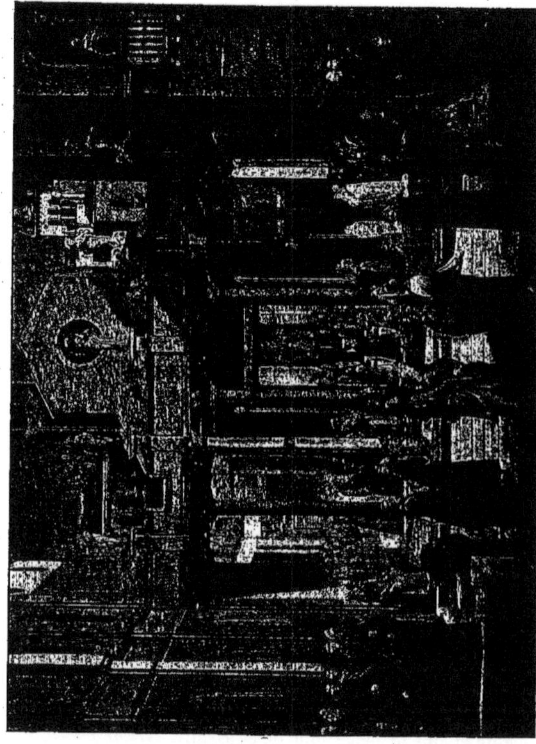

Sébastiani. — Les Reliques de la Sainte-Croix (Académie des Beaux-Arts. Venise.)

décorateurs de l'École, dont les œuvres offrent toutes ce caractère
commun d'être une reconstitution de l'existence vénitienne d'alors.

Voici par exemple ce Gentile Bellini, frère du grand Giovanni, de qui nous savons peu de chose, sauf ce que rapporte Vasari. Il excella, nous dit ce biographe, dans l'art du portrait, et l'on se rappelle le trait curieux du sénat vénitien l'envoyant au Grand-Turc pour tenir la place de son frère, trop âgé pour risquer pareil voyage, et dont le talent était jugé trop précieux pour que l'on consentît à le voir quitter sa patrie. Gentile fut un grand portraitiste. Il y a, de sa main, dans une salle du musée civique, un portrait de doge d'une étrange et virile énergie : tête vigoureuse et pleine, qui exprime, autant qu'aucune œuvre du temps, les instincts de vie positive et pratique qui furent ceux du xve siècle vénitien. Ici pareillement, dans la salle de ces maîtres décorateurs, et avec un tout autre style, ce magnifique portrait de San Lorenzo Justiniani, qui nous reporte invinciblement vers la tête de Dante, telle que nous la voyons à Vérone, telle aussi que la gravure l'a popularisée. OEuvre de style hiératique, encore tout imprégnée de la rudesse du moyen âge : figure d'ascète amaigrie par les veilles et les jeûnes, et qui forme un étrange contraste, du plus rare et du plus impressionnant effet, avec les habituels spectacles que cet art nous présente. Faut-il y voir, par exception, ainsi que nous l'avons observé pour Giovanni Bellini, un résultat de l'influence allemande, qui put s'exercer sur Gentile tout aussi bien que sur son frère, plus fameux que lui? J'inclinerais volontiers à cette explication qui donne la clef de cette œuvre exceptionnelle. Quoi qu'il en soit, il convient d'insister sur ces deux portraits, car à vrai dire tout son art est là et les compositions qu'il nous a laissées ne sont guère autre chose qu'une accumulation de portraits. Par là nous sentons le lien avec Vittore Carpaccio, mais également la différence, si frappante et qui le place loin de ce rival... *Art de portraits*, disions-nous en effet à l'occasion de la légende de sainte Ursule : oui sans doute, mais qui jamais ne s'affirme tel que dans

Lauvrens Édit.

Imp. Lemercier.

Vittore Carpaccio — Le Miracle de la Sainte Croix

(ACAD. DES BEAUX-ARTS — VENISE)

les parties accessoires de l'œuvre, et qui jamais ne nuit à la vie, non plus qu'à l'expression physionomique de l'œuvre ! Chez Gentile Bellini, bien au contraire, le portrait est continu, et par là même distingue le sujet principal des parties accessoires.

Voyez de lui cette immense toile : la *Procession de la Sainte-Croix*, la plus importante et la plus vaste des restitutions qui nous soient parvenues de ce xve siècle vénitien. Voici la place Saint-Marc, telle qu'elle était alors, avec cette prestigieuse façade de la basilique, intacte et non déshonorée par les affreuses mosaïques modernes. Sur la droite on aperçoit les premiers arceaux et les dentelures du Palais-Ducal, ainsi que le bas du campanile de Saint-Marc et les premières colonnes des Procuraties ; à gauche, toute la suite des vieilles Procuraties. Un déploiement de pompe religieuse accompagne la procession de la Croix. Au milieu de la place, des seigneurs et des dames en grand costume, qui font de cette scène une très belle et très intéressante restitution, mais simplement une restitution. Œuvre, je le répète, dans laquelle l'instinct décoratif prime tout, où jamais il ne se trouve subordonné, comme dans la *Légende de sainte Ursule*, au sentiment intime et à l'âme du sujet. Rappelons-nous cette fusion merveilleuse de l'élément *intime* et *décoratif*, où nous avons vu le trait essentiel de la supériorité de Carpaccio, d'un contraste si saisissant avec cette peinture de Gentile Bellini, composition religieuse par le sujet, mais représentation toute profane et de pur apparat !

Ce n'est point — déjà nous nous sommes expliqué à ce sujet — une œuvre d'érudition critique que nous avons tentée ici ; mais simplement nous avons voulu dégager les éléments essentiels de ce merveilleux génie plastique du xve siècle vénitien, à l'aide des compositions les plus significatives : ce qui nous a paru d'un intérêt bien plus immédiat qu'une analyse critique de l'ensemble des œuvres. Que peuvent ajouter, pour ne prendre qu'un exemple, le *Miracle de la*

Sainte-Croix, peint par Gentile Bellini, aux traits que nous avons dégagés de la procession devant Saint-Marc ! Rien, absolument rien. Et pourtant c'est une peinture qui, par elle-même, offre un véritable intérêt et qu'un érudit ne saurait omettre. Tel est, on le voit, notre point de vue ; tel il s'est maintenu, depuis les premiers maîtres du XIV⁰ siècle jusqu'à cette fin du XV⁰ et jusqu'au début du XVI⁰ siècle vénitien : négliger de parti pris telle œuvre pour donner à telle autre plus de relief et de saillie ; voir avant tout dans l'œuvre d'art la transcription de l'état d'âme qu'elle manifeste et ne s'arrêter à aucune qui ne soit significative de l'esprit du temps.

Il convient encore, pour y demeurer fidèle, de faire halte au *Miracle de la Sainte-Croix* peint par Giovanni Mansueti. C'est la peinture la plus brillante et la plus somptueuse de cette salle ; celle qui, le plus complètement, nous donne l'idée de la richesse des intérieurs en cette fin du XV⁰ siècle ; celle enfin qui nous apparaît la plus précise illustration de la Chronique de Casola citée au début même de cette étude. Ils sont là, ces « marbres de Carrare brillants comme l'or, avec figures et feuillages si finement exécutés que Praxitèle et Phidias n'y auraient pu rien ajouter ». Là aussi on voit le plafond « avec ornementations d'or, et les murs d'une richesse qui dépasse toute expression ». Là, pareillement, « ces demoiselles vénitiennes, avec tant de bijoux au cou et aux mains, c'est-à-dire de l'or, des pierres précieuses et des perles, que d'après l'opinion commune des visiteurs elles en portent pour une valeur de cent mille ducats ». — Quant au *Miracle de la Sainte-Croix*, vous avez bien compris que c'est là un point accessoire et que l'artiste ne s'en souciait guère. Aussi bien aurons-nous tout dit quand, une fois encore et pour conclure, nous aurons appuyé sur cette différence qui sépare les autres maîtres décorateurs du XV⁰ siècle de ce délicat Carpaccio, et qui tient toute à la prépondérance chez lui du sentiment et des émotions de l'âme.

CHAPITRE VII

CIMA DA CONEGLIANO

CHAPITRE VII

CIMA DA CONEGLIANO

On ne saurait prononcer le nom de ce peintre : Giovanni Battista da Conegliano, detto il Cima, sans songer aussitôt au caractère précis et positif de l'esprit vénitien. Comment cet esprit fut façonné, modelé par le milieu, par l'atmosphère toute spéciale dans laquelle il grandit ; comment les habituels spectacles qui s'offraient aux regards contribuèrent à créer cette âme vénitienne qui se retrouve avec des traits identiques chez les principaux maîtres du temps : c'est ce que nous nous sommes appliqué à montrer au début de cette étude. Comment, avec une saillie toute particulière et mieux que chez aucun autre, il s'incarna dans le peintre de Conegliano, nous avons maintenant à le faire voir. Dans son œuvre tout le rappelle, tout force l'attention critique à s'y fixer, depuis les pures qualités du peintre, entendez sa manière d'appliquer la couleur, surtout la ligne de son dessin, jusqu'à l'expression physionomique des personnages et la précision des sentiments qu'ils traduisent. Jamais, chez eux, vous ne rencontrerez ce je ne sais quoi de fuyant et d'incertain dans le jeu des figures que présentent certaines têtes de Carpaccio par exemple, et qui fait qu'un moment on peut hésiter sur la nuance d'émotion qu'il a voulu rendre. Et c'est tout à la fois sa force et sa faiblesse : sa force, puisqu'il atteint par là à une rare intensité dans l'expression de certains mouvements intérieurs ; mais sa faiblesse aussi, parce qu'une telle précision est souvent exclusive de la grâce et du charme. N'est-ce pas une vérité évidente, presque une banalité, que d'attribuer aux qualités de demi-teinte et de mystère le charme de certains visages qui empruntent la plus grande part de leur attirance à l'incertitude où ils nous tiennent sur l'idéal fuyant du peintre qui s'exprima par eux?

Rappelons-nous, en sortant du cercle de ces beaux maîtres qui nous occupent, la nature et la qualité des émotions dont nous fûmes redevables à tel peintre issu de pure race lombarde, non point fort éloigné certes du sol qui vit naître et grandir la robuste école vénitienne, mais si différent d'elle par le caractère des moyens expressifs. L'art exquis d'un Bernardino Luini tient tout entier dans ces qualités de demi-teinte, et le secret de sa prise sur notre âme n'est autre que l'attrait des nuances imprécises par où notre esprit conserve toute licence d'interprétation et de rêve à l'occasion des types de beauté qu'il fixa sur la toile. Une fois encore faut-il vous évoquer, figures pieuses ou profanes que nous avons tant aimées, jeunes hommes de Bernardino Luini, têtes charmantes aux tresses molles, qui nous fûtes aussi douces à contempler que les plus purs visages de vierges[1]!... Et si nous voulons analyser la nature de votre attirance, faut-il une fois encore rappeler qu'à nos yeux elle fut toute en cette ambiguïté de formes que certains types de Léonard surent nous rendre seuls avec vous! Comment, et par quel mystère de la production esthétique, en ce coin d'Italie, deux maîtres d'un si rare et si particulier génie conçurent cet idéal de beauté différent, et pour tout dire si distant de celui qui devait s'affirmer tout autour d'eux? ce sont là purs traits d'individualisme; et la désignation d'*école* qui convient aux peintres de Venise mieux qu'à tous autres maîtres,

[1] Voir dans nos *Figures de Rêve* le morceau intitulé : *les Jeunes hommes de Luini.*

en précisant le lien qui les uns aux autres les unit, est un

CIMA DA CONEGLIANO. — LA MADONE ET L'ENFANT (Académie des Beaux-Arts. Venise.)

trait nouveau qui les rapproche et les fait mieux comprendre.

Ne cherchons rien de semblable chez le maître de Conegliano, quelle que soit d'ailleurs l'évidente parenté qu'il nous offre avec les peintres antérieurs ou contemporains. Il traita, lui aussi, les thèmes traditionnels qui firent la renommée des Bellini et autres peintres du temps. Et comment s'en étonner? Les seuls sujets qui convinssent au génie plastique vénitien étaient ceux qui rapportaient la grandeur de la Patrie, ou ceux qui fixaient les légendes de la foi chrétienne. Si parfaitement prédestinée cette terre d'Italie à devenir le foyer d'où rayonneraient les développements du culte, elle devait aussi bien être le centre du mouvement d'art qui allait faire des épisodes de la vie du Christ et de tout ce qui se rattachait à la foi chrétienne le thème initial se prêtant aux innombrables variations qu'y voudraient surajouter ses artistes. Et certes ce ne serait pas là un des moins intéressants problèmes à élucider, celui de cette race vénitienne toute positive, d'instincts précis, de vie extérieure et décorative, la moins religieuse au fond qui ait grandi sur ce sol italien, et qui cependant vint collaborer pour sa part à l'épanouissement de l'art chrétien. Oui, sans doute, le génie d'une race qui allait en partie s'incarner en ces libres œuvres d'un poète érotique comme l'Arétin, — car il convient de ne jamais oublier que l'Arétin est le miroir fidèle de la vie élégante du xvie siècle, — ce même génie, dès les débuts du xve, allait se complaire aux œuvres pieuses d'un Bellini, d'un Carpaccio, d'un Cima, d'un Montagna... Étrange dualité, bien faite pour fixer l'attention! Ne serait-ce pas aussi le lieu de se demander dans quelle mesure les thèmes ainsi traités répondaient aux convictions intimes des peintres qui s'y appliquaient : objets de croyance, ou simplement thèmes de beauté s'accordant avec leurs instincts d'artistes?... Ayons toujours présente à la mémoire la vie du Pérugin... Mais ici les plus élémentaires données nous font défaut pour résoudre ce curieux problème, entendez ces monographies si précieuses qui abondent pour le

CIMA DA CONEGLIANO. — INCRÉDULITÉ DE SAINT THOMAS
(Académie des Beaux-Arts. Venise.)

xvie siècle, et deviennent introuvables quand on remonte au xve.

19

Pour revenir au maître qui nous occupe, Cima traita donc certains d'entre les thèmes traditionnels que nous avons étudiés chez les précédents peintres. Mais il n'y manifesta pas de qualités inventives et ne sut point les renouveler. Ce n'est pas là qu'il convient de chercher son apport personnel, très réel pourtant, nous le verrons. Était-ce fatigue de sujets trop fréquemment redits, ou qu'il se trouvât glacé par la supériorité trop évidente de ses rivaux? Les deux hypothèses peuvent se soutenir ; de toute façon il est curieux de les vérifier. Par là nous pouvons fixer en traits certains son talent propre et marquer le rang précis qu'il occupe dans la série.

Voilà par exemple, à l'Académie de Venise, le grand tableau de la *Madone avec deux Saints*. La Vierge est représentée assise avec l'enfant debout sur ses genoux. A gauche, un fond de paysage se profile, découvrant des montagnes bleues ; à droite, une colline, surmontée d'un château-fort. Derrière la Madone un voile est tendu, comme dans la célèbre *Vierge* de Giovanni Bellini, sa voisine. Vous voyez l'identité du thème : mais quelle distance dans l'exécution ! La tête de la Vierge est froide et inexpressive. Son regard a je ne sais quoi de vague et d'éteint que la petitesse des yeux et la forme disgracieuse du front soulignent encore. De même ordre, et je n'hésite pas à le dire, de même effet monotone et fatigant, la grande peinture placée dans la salle d'honneur à l'Académie : la *Madone au trône entourée de Saints*. Mieux encore que la précédente, cette composition marque la prépondérance des qualités d'exécution sur les qualités d'invention. La Vierge est de plus en plus inexpressive ; les Saints sont des portraits, campés dans une attitude voulue de modèles qui posent pour l'artiste. Quant au thème traditionnel des enfants-musiciens, signature des maîtres de l'école, trop manifeste apparaît son infériorité quand on le compare aux délicieux anges de Bellini et aux charmants pages de Carpaccio.

Cima da Conegliano — Le Baptême de Jésus

(ÉGLISE S. GIOVANNI IN BRAGORA — VENISE)

Telle est, n'en doutons point, la différence de l'œuvre conçue
en toute spontanéité d'invention et de celle au contraire qui n'est
que la reprise d'un sujet traditionnel imposé par l'usage, et, si

CIMA DA CONEGLIANO. — L'ARCHANGE RAPHAEL ET LE FILS DE TOBIE
(Académie des Beaux-Arts. Venise.)

j'ose dire, par la mode du temps. Loin qu'un tel sujet, ce thème
des enfants-musiciens, si magistralement traité et de façon si
personnelle, par les deux précédents peintres Giovanni Bellini et
Vittore Carpaccio, se soit imposé à l'imagination de ce maître

comme il avait fait à ses deux illustres rivaux, il faut bien admettre et nous admettrons ici qu'il ne fut guère pour Cima qu'un sujet de *commande*, dans le premier sens où déjà nous nous sommes expliqué sur ce mot : proposé sans doute au peintre par quelqu'un de ces couvents ou églises, qui mettaient une sorte de fierté à vêtir les murs de leurs chapelles de toiles signées par les artistes renommés ; peut-être même choisi avec intention par l'un d'entre eux pour rivaliser avec quelque Madone d'un autre maître, le sujet se trouvait enfermé pour le peintre entre telles limites qu'il ne pouvait dépasser. C'était bien en quelque façon comme si par avance on lui eût fixé le nombre et l'attitude de ses personnages ; et cette précision d'un thème donné, qui pouvait convenir à tel autre artiste, n'était pas faite pour lui.

Voilà aussi bien à quel point de vue sont intéressants les groupements de musées, et pour quelles raisons il convient de n'en pas trop médire, si inférieures souvent que les œuvres s'y présentent elles-mêmes à ce que nous les voyons, placées dans le milieu pour lequel elles furent conçues et exécutées. Si l'on avait laissé ces trois peintures, les deux *Madones* de Bellini et de Cima, la *Présentation* de Cima, identiques par le sujet, par le groupement des personnages et l'intention des artistes, à leur destination première, c'est-à-dire dans les églises pour lesquelles elles furent composées, nous ne saisirions pas avec cette évidence et cette netteté la différence d'inspiration des maîtres qui les peignirent. Nulle part mieux qu'en cette salle de l'Académie n'apparaît la valeur relative de ce thème charmant des Enfants-musiciens, et toutes choses, jusqu'à l'éclairage, contribuent à nous fixer. C'est assez dire aussi, du moment que les œuvres d'un même maître ou d'un même groupe de maîtres se trouvent assemblées en un musée, combien apparaît évidente la supériorité de la méthode de groupement, si difficile et si longue à faire admettre là où elle

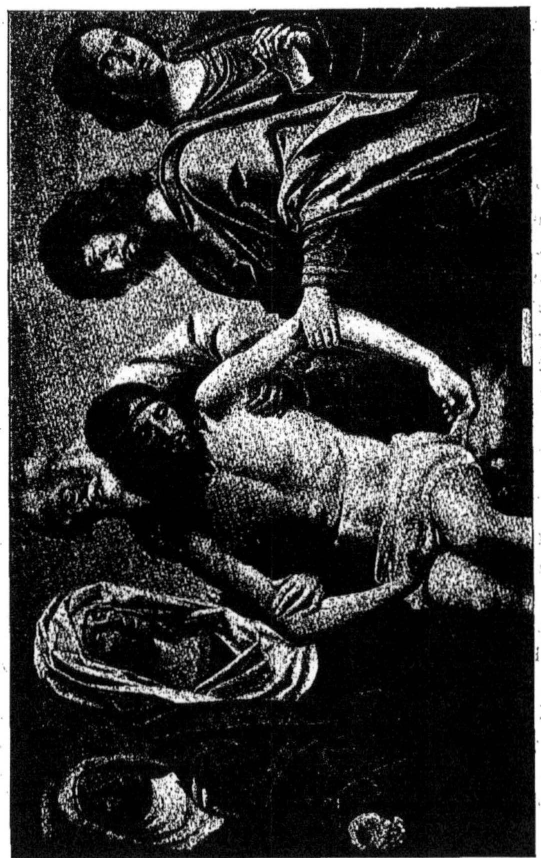

CIMA DA CONEGLIANO. — DÉPOSITION (Académie des Beaux-Arts, Venise.)

aurait le plus de raisons d'être adoptée, puisqu'elle est seule habile à faciliter l'éducation de l'œil et l'effort de l'esprit critique [1].

Revenons à la *Madone* de Cima, si pleinement instructive par l'abondance des points de vue qu'elle suggère. Ce n'était pas là, nous l'avons vu, sujet qui convînt à soutenir l'inspiration de ce peintre, représenté d'ailleurs en ce même musée et dans les églises par d'autres œuvres, fortes et personnelles. Qu'en conclure, sinon que le sujet traité par l'artiste offre une importance majeure dans la marche de son développement, et que le trait essentiel d'une évolution consciente est le choix fait par lui d'un motif qui réponde directement aux exigences de sa nature !... Vérité que nos facultés d'analyse moderne nous permettent de saisir et de mettre à profit, dont ces maîtres pourtant si admirables n'eurent peut-être qu'un soupçon confus ! Quelle meilleure preuve en pourrait-on tenir que la distance qui sépare comme valeur d'art cette *Vierge au trône* de la merveilleuse *Incrédulité de saint Thomas !* Œuvre d'un intérêt double celle-là, puisqu'elle est à la fois des plus parfaites comme couleur et comme matière, et qu'en outre elle répond précisément aux tendances directrices du peintre : toile infiniment précieuse, et par la perfection de la peinture et par sa signification expressive. Ce ne sont plus des modèles qui posent, et l'artiste est plein de son sujet. Ce n'est plus un thème traditionnel imposé par l'usage que l'invention du peintre est inefficace à renouveler : c'est une œuvre sortie de son esprit, à laquelle s'appliquèrent ses facultés sensibles, avant que sa main eût saisi le pinceau pour les rendre...

Le Christ est représenté debout, au centre de la toile, guidant la main de l'apôtre vers la blessure qu'a faite le fer de lance. Une expression de douceur indulgente et de compassion pour l'incré-

[1] La méthode de groupement a été fort intelligemment appliquée dans la réorganisation de l'Académie en 1895, époque où un remaniement considérable a transformé l'aspect de ce musée.

dule apparaît en son regard, en même temps qu'un calme super-
naturel par où s'affirme sans doute en la pensée du peintre la distance de la créature au Rédempteur. Plus saisissante encore se
marque cette distance pour éclater en pleine lumière de contraste,
si nous opposons à la figure de Jésus celle de l'apôtre, d'un réalisme si intense, d'une si exceptionnelle vérité expressive . Sa
bouche est entr'ouverte, prête à parler ; ses traits sont contractés
par l'étonnement : morceaux merveilleux de vie et de vérité, du
plus pénétrant, du plus puissant *réalisme* physionomique — déjà
nous l'avons dit, mais nous ne saurions trop le répéter — c'est-à-
dire tels que nul ne saurait plus énergiquement nous traduire par
l'accentuation des traits et le jeu des visages les mouvements intérieurs d'une âme toute convulsée par l'étonnement. Dans une telle
œuvre, notons-le bien, car ce point c'est la vie même de l'œuvre,
nul souci de se conformer aux rites de la tradition chrétienne et de
marquer jusque dans les traits de l'apôtre incrédule l'empreinte
sacrée que de pieuses exigences y viendront surajouter ; mais simplement la préoccupation d'exprimer le plus sincère et le plus
humain entre tous les mouvements de l'âme, celui du doute en
présence du fait dépassant la raison.

La voilà donc — et je n'en sais chez aucun maître, non plus
seulement de cette école, aussi saisissante incarnation, — la figure
de l'*Apôtre* [1] conçu selon la réalité historique, et non déformé par
les nécessités du culte : cette figure aux traits rudes et simples,
si réelle et si peuple en même temps. Il ne fallait rien moins que
le caractère positif et précis du génie vénitien poussé jusqu'au
point où il atteignit avec Cima, pour arriver à nous rendre ce beau
contraste. Contraste admirable du caractère divin de Jésus et de

[1] Ce type physique et moral se trouve plusieurs fois reproduit dans l'œuvre
de Cima.

[2] Voir de ce même Cima le *Baptême de Jésus* à San-Giovanni in Bragora.

l'humanité chancelante de Thomas, jamais il ne m'est apparu mieux qu'en cette œuvre qui va loin dans notre âme. Et certes si elle y pénètre à ce point, ce n'est pas, soyez-en sûrs, par la simple transposition esthétique d'une des plus profondes légendes de la vie de Jésus. A ce seul titre assurément elle atteindrait à nous émouvoir. Mais ne faut-il pas y voir davantage encore, et quelque chose qui nous touche de plus près? Ce regard de Jésus si indulgent et si noble, descendant de si haut sur l'apôtre, qu'est-ce autre chose à vrai dire que le transparent symbole de l'intelligence supérieure ayant pénétré les raisons et les causes, et qu'à ce titre ne peuvent surprendre ni erreurs ni défaillances! Voilà bien le contraste éternel de l'âme simple et de l'âme voyante, tout ramassé en ce symbole pieux. Et notez qu'un tel résultat fut atteint tout simplement par l'accord, cette fois parfait et décisif, entre le tempérament du peintre et le sujet traité. C'est là en effet le caractère d'expression physionomique qui par-dessus tout autre répondait à l'âme de Cima : cette tête rude et positive s'harmonise à merveille avec le talent précis du peintre, et l'accord est complet. Il y fallait insister, puisqu'en aucune œuvre de l'Académie nous ne trouvons pareille rencontre. Je néglige les qualités d'exécution qui sont à la hauteur des qualités d'invention. Il est rare que dans une peinture aussi fortement conçue, aussi expressive de l'âme d'un artiste, il n'y ait pas entre elles parfaite correspondance...

Lorsque au matin on quitte Venise pour gagner la pleine mer, ou s'arrêter à quelqu'une de ces îles, Burano, Torcello, Malamocco, Chioggia, perles d'un collier merveilleux égrenées autour de la parure centrale, c'est un spectacle unique à ravir le regard. Tout auprès, sur la lagune, et tels que des îlots flottants, émergent les bancs de sable. Par un effet assez semblable à celui du mirage, la mer, ainsi qu'un miroir parfaitement poli, paraît immobile et comme glacée. A l'horizon, parmi les brumes du matin qui soulèvent le voile fin de cette nature humide, une longue rangée

CIMA DA CONEGLIANO. — SAINT JEAN-BAPTISTE (Église de la Madona dell' Orto. Venise.)

d'arbres se profile et se reflète dans l'eau. La délicate enveloppe
de cette atmosphère translucide fait aux choses une parure dia-

phane et chatoyante, comme le reflet d'une riche étoffe, moiré
changeante et mobile avec les jeux de la lumière. Les touches roses
des voiles de pêcheurs, dispersées sur la lagune ou faisant retour
à la rive des Esclavons, se fondent avec le rose divin du soleil
levant qui jette sa note tendre et douce que nul artiste ne parvint à fixer, et que nulle autre part on ne retrouve, vraie gloire
de Venise.

Tel est le spectacle du matin, imprécis et fuyant comme la
brume qui l'enveloppe. C'est dans la perpétuelle transformation de
ces aspects changeants que réside le charme unique de cette ville
incomparable. En face de telles beautés, l'œil vraiment artiste,
organisé pour « déguster la lumière », selon la savoureuse expression du poète, goûte une volupté sans égale. A l'approche du soir,
toutes choses se transforment et les lignes se précisent avec l'éclat
du soleil couchant. Les horizons lointains s'affirment : c'est d'abord
la ligne bleue de l'Adriatique qui s'étend infinie au delà de la
lagune ; mais surtout, à la droite de Venise, grandiose toile de
fond pour cette cité merveilleuse, le décor des montagnes blanches
de neige et teintées par les lueurs du soleil déclinant ; à gauche
enfin, la ligne des monts Euganéens chantés par Virgile, si régu-
liers et si purs, d'un dessin si parfaitement antique, évoquant des
images de noblesse et de beauté.

C'est ce fond de montagnes, décor grandiose d'une part, si pur
et si harmonieux de l'autre, qui sans doute servit à Cima pour les
paysages que nous voyons en ses tableaux. De même que Léonard
se plaisait à enfermer ses figures expressives et de vie intérieure si
intense dans le décor apaisant des fonds bleuâtres que la nature
lombarde faisait poser devant ses yeux, pareillement aussi Cima,
plus que les autres peintres vénitiens du temps, sortit de la *ville*,
thème admirable sans doute, mais qui ne répondait pas à ses
ambitions, pour regarder au delà, vers les lointains fuyants, vers

l'horizon des montagnes qui enfermaient sa patrie d'élection. Car lui ne fut point une pure gloire vénitienne, comme Vittore Carpaccio par exemple, ou les Bellini. Vénitien, il ne l'était pas de naissance, mais seulement d'adoption [1]. Il ne s'arrêta pas aux merveilles pittoresques de la ville, aux lignes constamment changeantes et mobiles des architectures. Des enseignements de l'école et des œuvres antérieures, il ne retint que la précellence accordée par les maîtres aux sujets religieux, et son talent, un peu froid sans doute, mais si précis et si sûr, s'y appliqua tout entier. Nous avons vu à l'occasion comment son succès varia selon les sujets qu'il traita. Voyons maintenant son œuvre aux églises, qui en contiennent de beaux et significatifs exemplaires !...

Le *Baptême de Jésus*, à San-Giovanni in Bragora, petite paroisse d'un quartier pauvre de Venise, mais qui renferme des chefs-d'œuvre, telle est la composition qui le plus parfaitement exprime cet accord du paysage avec le sujet traité. Il est complexe et délicieux, ce décor : une rivière serpentant au sein d'une riche vallée ; sur la gauche, une colline que domine un château fort, et dans le fond, après un premier étage vallonné, la ligne des montagnes bleues qui ferment l'horizon. Il convient d'insister sur ce paysage, car c'est l'un des plus complets et des plus caractérisés que l'école vénitienne ait produits. Les maîtres décorateurs de Venise, ceux que nous avons étudiés précédemment, les Vittore Carpaccio et les Gentile Bellini, étaient pris trop exclusivement par la magnificence de leurs conceptions artificielles pour que les beautés de pure nature pussent librement se traduire en leurs œuvres. Leurs paysages étaient surtout des *paysages de villes*, si l'on peut ainsi parler, et si le rapprochement de ces deux mots se peut tolérer. Rappelez-vous le décor de nobles architectures au milieu desquelles

[1] Cima naquit à Conegliano.

ils enferment le développement de leurs scènes pieuses ou profanes[1]. Sans doute, par intervalles, il y peut bien apparaître quelque coin de verdure, encadré dans la magnificence de palais grandioses, mais ce ne sera jamais qu'une rareté, ainsi qu'il en va de la ville même, où, pour ne citer qu'un exemple, les jardins du palais Papadopoli forment une ravissante exception. Ce qu'ils aimaient et sentaient avant tout, pour avoir eu dès les premières années leurs yeux ravis de tels spectacles, c'était la complexité ingénieuse du travail humain... Et sans doute ce paysage de Cima est lui aussi quelque peu artificiel, entendez qu'il a été *composé*, produit des éléments de beauté combinés qui, dans la nature, avaient frappé les yeux du peintre. Il n'en exerce pas moins par sa rareté sa prise immédiate sur nous, et la scène pieuse est désormais inséparable du décor où elle se trouve enfermée.

Est-ce que d'ailleurs une telle impression d'art ne répond pas de saisissante manière à l'une des impressions de nature qui me furent les plus vives à chaque séjour que je fis ici? Dieu sait quelle prise merveilleuse cette ville exerce sur l'âme artiste, de quelle façon précise et sûre elle agit sur nos sens par la somme de beauté qu'elle enferme, et combien pour ma part je subis son attirance et sa magie. Il n'est point à mes yeux spectacle qui vaille celui de son impériale beauté à certaines heures du jour et dans une certaine disposition de l'âme; il n'en est point surtout qui nous monte au ton convenable pour goûter l'exaltation des chefs-d'œuvre. Encore tout cela est-il à la fin quelque peu artificiel ! Et l'on s'en rend un compte exact le jour où, l'ayant quittée avec une contraction douloureuse du cœur, les yeux goûtent une suavité d'ordre imprévu à la contemplation de ce dont ils s'étaient déshabitués : la verdure des prairies et la douceur des eaux vives. Par là je crois bien noter

[1] Voir la suite de la *Légende d'Ursule*.

CIMA DA CONEGLIANO. — NATIVITÉ (Église del Carmine, Venise.)

une sensation qui fut commune à toute âme éprise des beautés naturelles, et qui ne connaît de parfaite satisfaction que dans la communion avec cet ordre de beauté. En tout cas, je la sentis s'imposer à moi, le jour où, pour la première fois dans cette ville tant aimée, mais de tension légèrement fatigante, l'œuvre exquise de Cima, ce *Baptême de Jésus*, fit un contraste de nature avec l'art dont j'étais imprégné. Il suffit pour s'en convaincre — et je recommande cette expérience à tout esprit curieux de noter ses propres émotions — de couper son séjour à Venise par une excursion, si courte soit-elle, dans la campagne environnante[1]. L'effet s'en fera sentir aussitôt et peut-être reviendra-t-il, avec plus d'amour encore, à ses premières émotions !...

Voilà donc surtout ce que j'aime en vous, paysages verts et profonds peints par Cima, dans le *Baptême de Jésus* de l'église San-Giovanni in Bragora, dans cette *Nativité* de l'église del Carmine, de caractère et d'effet tout identiques. Vous nous apparaissez plus révélateurs que les légendes d'ailleurs exquises enfermées en ce décor. Quel accord et quel harmonieux équilibre entre ces scènes de piété si nobles, si pures, et le gracieux décor où elles se trouvent enserrées ! La beauté des architectures elles-mêmes, si savamment transposées sur la toile par les Carpaccio et les Bellini, n'a point de noblesse supérieure à la simple ligne générale de ce paysage qui est à lui seul une architecture naturelle, et fait corps avec le sujet traité. Encore n'est-ce point une raison pour négliger celui-ci. Combien il serait injuste de méconnaître, dans le *Baptême de Jésus*, cette rudesse et cette simplicité de l'apôtre qui verse l'eau sur le front du Sauveur, conforme à l'idéal noté plus haut pour l'*Incrédulité de saint Thomas !* Une rude et simple piété est en lui, celle de l'âme naïve n'allant pas plus loin que la scène qui frappe ses yeux, et tout entière absorbée par

[1] C'est là une impression que l'on peut éprouver complète et décisive en allant passer quelques jours à Florence, puis en revenant à Venise.

l'acte auquel elle collabore. Le même modèle sans doute posa pour
l'artiste. Mais son rôle à lui fut de varier les expressions, de donner aux traits du Baptiste, empreints pourtant d'une égale rudesse,
une signification toute contraire à celle de l'incrédule Thomas. On
ne saurait non plus négliger les anges qui tiennent le manteau de
Jésus, les figures les plus pures et les plus attachantes qui soient
sorties du pinceau de Cima! une conception toute personnelle
cette fois, qui ne se retrouve chez aucun des maîtres contemporains et vérifie encore notre hypothèse sur l'apport propre de
l'artiste. Ce furent là ses *Anges musiciens* à lui, c'est-à-dire les
créations de son imagination où il incarna la beauté qu'il rêvait, et
que les précédents artistes avaient fixée en des têtes enfantines.
Ainsi d'un maître à l'autre se répond l'âme des artistes, et c'est
toujours la même génération spirituelle que nous retrouvons en
chacun d'eux.

CHAPITRE VIII

BARTOLOMEO MONTAGNA ET L'ÉCOLE DE VICENCE

CHAPITRE VIII

Lorsqu'on a quitté Venise, et que l'on regagne par Vérone les plaines de la Lombardie, il n'est pas sans intérêt de faire halte à Vicence. Je néglige pour l'instant l'intérêt trop évident du critique et de l'amateur d'art pour qui cette visite équivaut à la révélation d'un maître inconnu que l'on ne peut voir qu'en son pays natal, et dont le nom n'éveille aucune idée précise pour celui qui ne l'a pas étudié ici. C'est là un point de vue sur lequel nous aurons à nous étendre. Mais il convient encore de s'arrêter à Vicence pour Vicence elle-même, car c'est un des plus curieux coins de cette région où Vérone et Venise ont fait le vide autour d'elles par leur absorbante renommée.

Il est doux d'y laisser reposer les yeux déshabitués de verdure, sur la campagne aux tons frais et printaniers qu'Avril fait fleurir devant nous. Avec quelle intensité ce spectacle me reporte aux souvenirs de Florence, je ne saurais assez le dire ! C'est le même dessin de collines aux formes nobles et régulières, toutes parées de vert tendre, avec le contraste fréquent des verts sombres qu'y disposent les pointes des cyprès piqués çà et là, ou rangés en muraille auprès de quelque tour rougeâtre. Et les pêchers en fleurs jettent par tout le paysage leur note vive, si tendre et si gaie, qui s'entremêle à la verdure des treilles régulières. Rien de plus doux au regard que ce paysage, moyen, il faut bien le reconnaître, dépourvu de cette grandeur et de cette sauvagerie propres à tel spectacle de nature que nous voyons encore flotter devant nous, mais d'une prise si directe, quand, les yeux tout emplis et sans doute un peu lassés de la rayonnante splendeur vénitienne, éprouvent le besoin de se reposer sur quelque chose de moins artificiel. Florence devient alors, comme tout ce qui en approche, et notamment ces environs de Vicence, un merveilleux élément de contraste, précieux à qui sait ordonner ses émotions. Il n'y faudrait pas d'ailleurs chercher le seul aspect des beautés naturelles : nulle part en Italie, je crois bien, la nature ne s'offre aux yeux sous cet aspect de virginité qu'elle revêt en d'autres régions. Campagne composite aussi, cette campagne de Vicence, où la main des hommes est intervenue, mais si jolie, si élégante, et disposée comme par l'entremise de quelque ingénieux artiste ! Ils n'eurent vraiment qu'à transcrire les images de beauté qui posaient sous leurs yeux, ceux qui la transposèrent sur leurs toiles comme fond de leurs peintures. Étrange privilège de cette Italie, où la nature et l'art sont en perpétuelle correspondance, et se rattachent l'un à l'autre par un lien si étroit qu'on ne saurait impunément le briser !...

Une école locale est apparue et a grandi dans ce milieu, avec tous les caractères d'un art qui eut son originalité, et pourtant subit le contact des influences voisines, pour aboutir à un maître contemporain des Bellini, qui fut l'égal des plus grands, et dont nous voyons ici un chef-d'œuvre digne de figurer auprès des compositions les plus fameuses. Lui seul vaudrait que l'on s'arrêtât à Vicence ; mais il n'est pas notre unique motif d'attrait, et c'est la loi même de sa production qui nous intéresse par-dessus tout. Ainsi en va-t-il presque nécessairement de toutes ces cités italiennes, qui par leur importance politique aux temps de la Renaissance jouèrent un rôle plus ou moins considérable dans le déve-

loppement de la mère-patrie. Assez semblables, pour ne pas dire
identiques, les lois qui régissent leur évolution d'art sont au plus

Marcello Fogolino. — L'Adoration des Rois Mages (Musée Civique de Vicence.)

haut point dignes d'attention. C'est toujours par le caractère de
groupement qu'elles s'imposent, et sur aucun sol de la vieille

Europe l'appellation d'*École* n'aura été plus justifiée. Jamais les artistes ne s'y montrent isolés : c'est toujours par ce trait d'un *développement progressif* que la peinture s'impose à nous. Jamais, en aucun lieu du monde, ni à aucune époque, sauf peut-être dans la Grèce antique, le rapport n'est apparu plus évident entre la constitution politique d'une part et l'épanouissement d'un art qui n'est après tout que la suprême efflorescence de la vie sociale. Il y a là une unité de moyens bien faite pour entraîner la conviction. Voyez Parme, voyez Ferrare, voyez Bologne : identique fut leur formation et les artistes s'y groupèrent suivant des procédés sensiblement analogues. Nous allons voir maintenant Vicence, et dans cette cité resserrée entre ses deux absorbantes voisines, Vérone et Venise, il y aura place néanmoins pour une école locale qui se développera non loin d'elle, avec moins d'éclat sans doute, mais d'après une méthode identique : des artistes du xiv⁰ siècle préparant la venue d'un maître incontesté.

Voici, par exemple, de Giovanni Buonconsiglio une *Déposition* malheureusement fort abîmée, où la robe de la Madeleine dénote un sens de la couleur tout à fait remarquable. De Marcello Fogolino, une *Adoration des mages*, magnifique peinture qui présente la plus grande analogie avec certains maîtres florentins, avec Gentile da Fabriano entre autres, pour la manière de disposer les ors et les teintes plates des draperies. Un des rois mages est à genoux devant l'Enfant que la Vierge lui présente : les autres sont debout derrière lui. Sur la droite du tableau un page est assis avec la coiffure moyen âge, tenant un perroquet. Dans le lointain, le cortège qui les accompagne se développe en un fond de paysage.

C'est cette importance attribuée au *paysage* qui relie nécessairement les œuvres au milieu où ces maîtres grandirent, et forme entre tous le trait d'union. Que l'on se rappelle notre observation à propos de Giovanni Bellini, sur l'assise profondément, intime-

ment *réelle* de cet art vénitien. Elle s'appliquait alors, dans notre
pensée, tout simplement à l'étude du visage humain et au caractère
expressif des physionomies : elle ne pouvait aller au delà, puisque
dans l'œuvre de ce beau maître le décor ne présente qu'une importance secondaire. Ici, c'est au décor qu'il convient de l'étendre, et
par-dessus tout au paysage. Vous retrouverez ce trait, non plus
seulement dans les compositions principales, mais encore dans les
petites scènes accessoires peintes en séries au-dessous des tableaux.
Je prends par exemple ce Bartolomeo Montagna auquel il faut
arriver, et, dans son œuvre exposée au musée civique de Vicence,
ce tableau de la *Madone avec l'Enfant* entourée de quatre saints :
œuvre de jeunesse sans doute, d'un coloris assez effacé, d'une
ordonnance régulière et symétrique, où l'on retrouve tous les traits
essentiels de la peinture religieuse, telle que nous l'avons étudiée
à Venise : d'abord la disposition identique, souvent un peu monotone, des personnages par groupes de deux, l'attitude hiératique
et parfois légèrement affectée de la Vierge-Mère, surtout le motif
des *Enfants musiciens* au bas du trône, qui durent être, en toute
cette période du XVe siècle, la préoccupation maîtresse de l'école.

Tous ces traits sont *traditionnels*, nous l'avons dit; et bien
qu'à l'état de pure ébauche, à demi conscients chez un peintre
comme Bartolomeo Montagna, ils le rattachent à l'école purement
vénitienne par un imbrisable lien. Là où je constate son apport
personnel, c'est dans l'importance du paysage et dans les petites
scènes sériées qui sont peintes au-dessous de la composition principale. Elles représentent les différents épisodes de la vie et du
martyre d'un saint, et toutes elles ont pour fonds des paysages
analogues à ceux qui, sur les collines de Vicence, se développent
sous nos yeux.

Voyez cette Vierge à genoux devant Jésus, avec sainte Monique
et sainte Madeleine. L'Enfant est posé sur un tertre et la robe de

la Vierge, d'un bleu assez semblable à celui des Angelico de Florence, le protège seul du contact de la terre. La Madone a les yeux abaissés vers lui, et tient ses mains jointes en prière. Sur la droite une femme présente un ostensoir, tandis qu'une autre tient un crucifix.

Ici les préoccupations de couleur sont beaucoup plus sensibles que dans l'œuvre précédente. Mais ce qui l'emporte, c'est encore l'influence locale du paysage qui, dans le fond du tableau, transporte un coin de la campagne environnante. Il apparaît encore, mais cette fois plus *composé*, plus artificiel si je puis dire, dans les peintures où l'influence des écoles voisines se fait sentir plus directement. Telle cette petite composition à trois panneaux : *le Martyre de san Biagio*, où l'action d'Andrea Mantegna sur Bartolomeo Montagna est d'une saisissante évidence. Dans le premier, le saint, au milieu de la grotte caresse des animaux. Dans le second, il est lié à un poteau et martyrisé. Enfin, le voici décapité. Et les costumes des personnages, leurs attitudes, le style de l'ensemble, jusqu'aux ornementations, rappellent à tel point Mantegna qu'il est impossible d'en détacher sa pensée. C'est ainsi que, dans l'évolution d'un maître, on traverse les influences successives qui modelèrent son talent pour arriver peu à peu à sa manière originale et à ses œuvres fortes...

... Il faut faire le pèlerinage du Monte-Berico, et s'arrêter à l'église de la Madona del Monte, pour bien connaître cet artiste, car c'est là que se trouve son chef-d'œuvre. Une route aux pentes rudes y conduit, avec une suite ininterrompue d'arcades qui, par de fréquentes trouées, permettent de jeter les yeux sur le paysage. Il est délicieux ce paysage, avec sa campagne verdoyante, ses couleurs fraîches d'avril, les cyprès pointant tout autour leur note sombre, et, sur l'arrière-plan, les collines progressivement plus hautes, pour se terminer par le fond de montagnes qui dominent le lac de Garde! Il ne diffère pas sensiblement de cette vue si belle

GIOV. BUONCONSIGLIO. — DÉPOSITION (Musée Civique de Vicence).

qu'on a de Vérone sur les hauteurs du Giardino Giusti. La nature
y est, comme là-bas composée et parée, mais de noblesse si élégante

qu'on ne peut rien rêver au delà. Et par maint trait d'ailleurs Vicence me rappelle Vérone, avec ses souvenirs du moyen âge, ses tours crénelées, et tels palais au milieu de la ville, de même finesse architecturale. Seulement à Vicence la vie est plus silencieuse, plus endormie, plus provinciale. On y sent quelque chose de ce que nécessairement on éprouve derrière les hauts murs et les palais déserts de cette autre cité si impressionnante, Sienne. Vivre en ces beaux lieux de la vie présente, immédiate, de cette vie qui frappe nos regards et semble devoir nous arrêter, voilà qui est à la lettre impossible, si peu que l'imagination soit active en nous. Il y a là des gens qui passent, tranquillement circulent par les rues, non moins paisiblement se rendent à leurs affaires : petits bourgeois, soldats, boutiquiers ; parfois un soldat dont le sabre rebondit sur les pavés pointus ou sur les dalles des arcades. Et tout cela ne nous est de rien : cette pauvre et mesquine agitation de la vie présente ne trouve pas d'écho sonore en nous. C'est elle qui vraiment nous est le fantôme, tandis que l'unique réalité, nous la cherchons et l'aimons dans la vie disparue, toujours présente à nos yeux, dans l'énergie vivifiante de ce xve siècle qui derrière ces hautes murailles abritait son rude effort.

Nous la cherchons aussi bien — est-il nécessaire de le dire ? — dans l'œuvre forte et pure de ces beaux maîtres qui nous deviennent le plus haut enseignement de ce xve siècle vénitien et nous donnent la traduction plastique de cette pieuse contention de l'esprit vers des légendes qui, pour quelques-uns du moins, furent d'impressionnantes réalités. Pour quelques-uns sans doute... mais pour lesquels ! — c'est le point intéressant — on pourrait dire ce que nous écrivions autre part au sujet du pur Angelico : — « Ce sont, hélas, des dons disparus à jamais, et que seule une visitation d'en haut pourrait accorder à quelque élu ! Mais voilà, pour nous c'est une *légende,* et ce lui était l'unique *réalité !* Entre ses yeux et la

Bart. Montagna _ Pietà

(EGL. MADONA DEL MONTE _ VICENCE)

muraille de sa cellule, aussi vivant, aussi palpable lui apparaissait le corps du Christ que celui du religieux qui venait à l'instant
de quitter cette cellule ! Combien parfaite l'unité qui relie cette
existence et cet art de croyant ! Lien tellement poétique que, même
pour nos esprits individuels, il constitue la plus impressionnante
beauté. » — Ici, dans la grande église en forme de dôme de la
Madona del Monte, comme dans les petites chapelles fraîches et
tout emplies d'ombre répandues un peu partout sur la lagune
vénitienne, comme aussi dans les riches et nobles couvents de la
douce Florence, nous communions avec l'élément le plus pur du
génie italien, et revivons avec lui ce qu'il y eut de plus haut, de
plus original et de plus spontané, de plus *ingénu*, disait le grand
essayiste Carlyle, dans l'esprit artistique de ce temps...

Voici donc l'œuvre que l'on peut comparer, sans crainte de la
trouver inférieure, à la plus significative et à la plus intense de
l'école vénitienne du xve siècle : la *Déposition* du Palais-Ducal
peinte par Giovanni Bellini. Tout nous impose ce rapprochement,
la sévérité du style et le caractère tragique de la peinture. J'aurai
dit ma pensée entière, en ajoutant que cette composition est, avec
celle de Bellini, la plus impressionnante qu'aient laissée ces premiers maîtres. Le corps du Christ est étendu sur les genoux de la
Mère, qui soutient sa tête de la main droite. La bouche de Jésus
est légèrement entr'ouverte, et le regard de la Vierge d'une qualité expressive que nous n'avions observée en aucune des précédentes œuvres de Bartolomeo Montagna. Ici encore il conviendrait
de reprendre l'observation déjà faite, à l'occasion de la *Mère de
douleur* du Palais-Ducal, sur le caractère d'expression physique,
autant que sur l'assise profondément, intimement réaliste de cet
art. D'un bout à l'autre de l'échelle des émotions humaines, la loi
est la même ; pareils aussi sont les moyens d'expression. Ici Bartolomeo Montagna, qui n'atteignit point à la renommée des Bellini,

parce que le cadre où il grandit n'eut point le même éclat que celui
où se développèrent ces deux maîtres, Montagna donne la main à
l'illustre Giovanni ; et cette œuvre de la Madona del Monte, placée
auprès de la *Déposition* du Palais-Ducal, ne lui paraîtrait nullement inférieure. Elles ne se nuiraient, ni ne se diminueraient l'une
l'autre : ce serait simplement un exemple de plus, un enseignement joint à tant d'autres, pour servir à l'édification de la critique ; et le lien apparaîtrait plus sensible qui rattache les peintres
de toute cette région d'Italie, en vérifiant à nos yeux la notion
d'*École*. Tout entière elle s'explique par une tendance d'âme
identique, ayant elle-même son origine dans une semblable faculté
de vision ; et c'est une fois encore, ici comme partout ailleurs, une
notation d'ordre exclusivement psychologique qui nous donne la
clef du problème.

Qu'il s'agisse du plus doux, du plus tendre des sentiments,
celui de la mère caressant son enfant, et laissant tomber sur le
petit corps fragile le regard complaisant ou fier de la maternité
heureuse ; qu'il s'agisse aussi bien du plus cruel et du plus tortu-
rant, et qu'avec ces mêmes mains qui tout à l'heure caressaient,
il lui faille soutenir le corps livide, amaigri par la souffrance et
glacé par la mort, c'est toujours aux mêmes sources d'inspiration
que ces vieux maîtres vont puiser, et l'observation attentive, soutenue, passionnée, de la physionomie humaine, ne reculera chez eux
devant aucune des réalités tragiques que la vie fait poser sous
leurs yeux. Aux genoux du Sauveur et devant les stigmates du
pied meurtri, une Madeleine présente ses mains étendues. Assurément l'artiste qui peignit cette figure glorifiée par la légende,
n'eut point souci de lui maintenir cette sorte de traditionnelle
beauté dont la piété des croyants et la religion des artistes l'auréo-
lèrent à travers les siècles. Belle, au sens où l'entendent certains esthètes, la Madeleine de Bartolomeo Montagna ne prétend

BART. MONTAGNA. — LA MADELEINE ENTOURÉE DE SAINTS
(Église Santa Corona, Vicence.)

point à l'être. Figure plutôt déplaisante au premier abord, le peintre évidemment ne songea, en la fixant sur la toile, qu'à nous traduire par elle une douleur vraie, mais qui va plus profondément en nous que toutes les élégances décoratives où il aurait pu se complaire, où devaient se complaire par la suite certains peintres, et des plus fameux du xvie siècle vénitien !...

Ce maître a donc, comme les autres, suivi la voie normale qui, des qualités de pure exécution et des tâtonnements où s'indique seulement l'effort du peintre, conduit le véritable artiste à l'émotion expressive. Comme il nous plaît la retrouver cette émotion, se traduisant ici par des moyens tout aussi intenses que dans l'étonnante *Déposition* de Bellini ! Il faut suivre ici Montagna depuis les œuvres du musée civique jusqu'à cette conception définitive. Et comme en art c'est une loi constante que l'œuvre n'a pas de vitalité durable en dehors des moyens expressifs, Montagna comme Bellini, dans leur *Déposition*, nous en fournissent une preuve nouvelle...

Spectacle édifiant, celui de ces peintres de Vicence, et qui jette un jour curieux sur le développement des écoles locales, de moindre importance sans doute que celles des grands centres, mais qui contribuèrent aussi pour leur part à la gloire de la patrie ! Dans la période de culture italienne qui prépare le magnifique épanouissement du xvie siècle, il paraît bien que Vicence tint un rôle à peu près analogue à celui d'une petite cité comme Parme. Elle-même fut un *centre*, avec son développement personnel. Mais les fréquents rapports qu'elle entretenait avec les cités voisines durent nécessairement réagir sur ses artistes et leur donner le complément de culture qui sans cela leur eût manqué. Nous ne savons rien de la vie d'un peintre comme Bartolomeo Montagna, qui pourtant serait bien curieuse à connaître, puisqu'il nous montre la suprême efflorescence de cette petite cité de Vicence.

Du moins nous est-il permis de reconstituer à peu près, d'imaginer en ses grandes lignes ce qu'elle dut être.

Nous avons noté, au musée civique de Vicence, cette *Adoration des mages* de Marcello Fogolino, où la ressemblance nous apparaît si frappante avec certaines peintures de Gentile da Fabriano, celles que l'on voit aux musées de Florence. La disposition des personnages, la manière d'employer les ors, le style de la composition, ont évoqué soudain pour nous telle toile de l'Académie de Florence, qui d'ailleurs traite le même sujet. Ce sont là ressemblances qui saisissent dès la première vue, et pour cette raison même ont une indiscutable valeur. Dans la Vierge à genoux devant l'Enfant de Bartolomeo Montagna, on ne saurait négliger telle *valeur* dans la robe bleue de la Madone qui, disposée sur le tertre de verdure où se trouve étendu le Bambino, isole son petit corps de la terre. Un ton de cette nature et de cette qualité, je ne me souviens de l'avoir trouvé que chez les peintres de Florence, les Lippi et les Angelico. Ceux de Venise peignaient autrement : ils eurent une manière toute différente d'appliquer la couleur, et l'œil exercé ne saurait s'y tromper un instant. Voilà donc un exemple qui ne peut laisser subsister de doutes sur les rapports de ces maîtres avec les principaux représentants de l'école Florentine.

Faisons maintenant retour à la *Madone au trône* de Montagna, et, dans cette œuvre, à la disposition des *Enfants musiciens*. Vous savez que c'est là un thème traditionnel s'il en fut, inventé dès les débuts de l'école, repris et traité durant tout le xv⁰ siècle, et qui ne fut abandonné que par les peintres du xvi⁰. Montagna l'emprunta donc à ses modèles vénitiens, car c'est une véritable signature de l'école, que l'on ne retrouve nulle autre part. La manière dont il le traita, légèrement gauche et affectée, nous fait soupçonner en cette peinture une œuvre de la première manière. Plus loin, dans les trois petits panneaux du *Martyre de san Biagio*, nous avons vu une imitation de Mantegna qui n'est guère éloignée du pastiche; et quiconque a présentes à l'esprit les fresques de l'église des Eremitani à Padoue, retrouve Mantegna jusque dans les plus insignifiants détails décoratifs.

Que d'influences diverses et presque contradictoires pour former un talent! Que de transformations, avant d'atteindre à la formule définitive où s'affirme la manière originale et personnelle! Il ne faut pas s'en étonner, et de plus grands que Montagna subissent des avatars tout aussi singuliers. Rappelons-nous le plus illustre de ces premiers vénitiens, Giovanni Bellini, partant de la Vierge inexpressive que l'on voit à l'Académie de Venise, pour aboutir à sa sublime *Déposition*. La période des tâtonnements et des influences peut être plus ou moins longue. L'important est qu'à une certaine heure l'artiste en vienne à nous traduire son âme dans une œuvre d'émotion sincère, où s'affirment du même coup les qualités d'invention qui s'y rattachent directement.

Montagna y parvint, nous avons vu avec quelle certitude et quelle puissance, en étudiant cette *Déposition* de la Madona del Monte. Il n'est pas une lacune en cette œuvre, pas une partie sacrifiée. Elle affirme et synthétise toutes les qualités du maître, dans un ensemble où se trouve réuni ce que nous avions vu autre part hésitant et incertain. Il n'y a plus là traces d'influences d'aucun ordre, ou du moins l'apport des différents styles qui contribuèrent à former ce talent aboutit à une fusion si parfaite que l'œuvre s'impose, évoquant seulement une analogie de sentiment avec ce que l'École tout entière a produit de plus intense et de plus expressif. Il nous plaît aussi bien de conclure sur ce rapport. Parce que, dans les plus hautes manifestations du Beau, le but suprême nous parut toujours être la qualité de l'*Emotion* qu'elles soulevèrent en nous ; parce qu'en dehors de cette émotion même il nous paraît bien que l'œuvre d'art n'a plus ni sens ni portée, il nous faut unir dans un pareil sentiment d'admiration ces deux œuvres, et donner à ce peintre, presque ignoré d'une école que les érudits sont seuls à connaître, un rang presque égal à celui du fameux Giambellino.

TABLE DES ILLUSTRATIONS

DANS LE TEXTE

HORS TEXTE

TABLE DES MATIÈRES

ÉVREUX, IMPRIMERIE DE CHARLES HÉRISSEY